上 海 家 长 学 校
成才·成功·成人丛书

鲍鹏山 杨 敏 主编

学以成功

张 硕 王 林 著

上海人民出版社

上海远东出版社

图书在版编目(CIP)数据

学以成功/张硕,王林著.—上海:上海远东出版社,2022
(成才·成功·成人丛书/鲍鹏山,杨敏主编)
ISBN 978-7-5476-1866-0

Ⅰ.①学… Ⅱ.①张…②王… Ⅲ.①儿童教育－家庭
教育 Ⅳ.①G782

中国版本图书馆 CIP 数据核字(2022)第 222849 号

责任编辑 冯裴培
封面设计 李 廉

本书由上海开放大学
家庭教育教材开发与出版项目资助出版

成才·成功·成人丛书
学以成功
张 硕 王 林 著

出 版 **上海遠東出版社**
(201101 上海市闵行区号景路 159 弄 C 座)
发 行 上海人民出版社发行中心
印 刷 上海颙辉印刷厂有限公司
开 本 890×1240 1/32
印 张 6.375
字 数 122,000
版 次 2022 年 12 月第 1 版
印 次 2022 年 12 月第 1 次印刷
ISBN 978-7-5476-1866-0/G·1162
定 价 48.00 元

成才·成功·成人丛书

编 委 会

主　　　任　王伯军

副 主 任　王松华　江伟鸣　姚爱芳

编委会成员　张东平　蒋中华　徐文清　邝文华

　　　　　　祝燕国　陈圣日　吴　燕　毕玉龙

　　　　　　王　欢　应一也　张　令　陆晓春

　　　　　　朱　斌　叶柯挺

总　序

当我们谈教育，我们是在谈什么

　　记得二十多年前，我在《读书》杂志上看到一篇某教育学博士写的文章。他谈到了他这个专业头衔的尴尬：有史以来，谈教育而有洞见，影响人们教育观念的，往往不是专门的教育理论工作者，而是那些看起来其工作和学术关怀与教育行业并不直接相关、甚至有些距离的思想家。当然，还有一些思想家也恰好从事教育，或恰好也有一批学术的追随者从而形成了师徒授受关系，那也只是说明：他们对于教育问题之所以有深刻洞见，并非因为他们从事了教育或带了门徒，而是因为他们是思想家。

　　比如中国的孔子，古希腊的苏格拉底、柏拉图等。

　　这个教育学博士的观点，之所以这么多年我仍然有深刻印象，是因为当时我就觉得他说的基本合乎事实。比如中国传统的"四书",其实就是教育学著作,而其所述或作者,恰是中国四圣:圣人孔子、亚圣孟子、宗圣曾子、述圣子思子。他们固然都有追随者,都有门徒,都会对门徒进行教育,但他们显然是在更高的纬度来理解教育——比如,他们绝不认为他们只是在"教育"他身边的学生,他们认为他们是在"教化"全人类。

有一个问题,值得我们这些专门从事教育的人来思考:除了谈具体的教育技术、教学方法、教学模式、专业内容和目标(这些也是这么多年来教育界的热门话题,甚至显学),当我们泛泛而谈教育,谈教育的理念、宗旨时,我们是在谈什么?

我的理解是:

是在谈人。

谈教育应该怎么样,其实是在谈人应该怎么样。

谈应该有什么样的教育,其实是在谈应该有什么样的人,和人生。

教育,是赋予人以人的本质。是让人获得人类的品性,并且用人类的方式生活。

能在这个层次上理解教育,显然需要的不仅仅是教育的从业经验,而是超越于具体教育经验之上的思想高度和深度。

从伦理学上讲,自然人并不天然具备人的本质,也不能保证其能一直葆有人的本质而不放失。自然人只是具备获得和葆有人类本质的可能性。这可能性就是留给教育的空间，也是人类教育必要性的理据所在。

孟子说，"无恻隐之心，非人也；无羞恶之心，非人也；无辞让之心，非人也；无是非之心，非人也。恻隐之心，仁之端也；羞恶之心，义之端也；辞让之心，礼之端也；是非之心，智之端也。人之有是四端也，犹其有四体也"。（《孟子·公孙丑上》）虽然孟子本来是要证明人内在具备"四心"，但他在此却也假设了"四心"缺失（无）的可能情况和客观存在。教育之前的"人"，尚有"为人"之可疑，孔子虽然在理论上悬设了一种"生而知之"的可能性存在，却从未给出实证，并说自己其实也是学而知之者。教育之前的"人类"，显然不能获得"人类"该有的道德尊严，有"人类"该有的德性生活；质言之，道德之前的世界，只是丛林，而不是"社会"——社也好，会也好，是必须有共同尊崇的价值观和礼制规范的，是必须有历史、有信仰，并有对历史和信仰的认知、认同和敬畏的。

后来张载的"为天地立心，为生民立命，为往圣继绝学，为万世开太平"，虽然所说乃是士人担当，其实可以直接移来定义教育之功能：

为天地立心者，使物理之世界获得伦理之本质，使物类世界成为人类世界；

为生民立命者，使人类之生物生命获得道德之性命，使人成为人；

为往圣继绝学者，传承和拓展人类文明成果，使人类而有人之历史和人之未来；

　　为万世开太平者，使人类有人类之方向与追求，使人类获得人类应有的人生。

　　孟子在《孟子·告子上》中说，"仁，人心也；义，人路也。舍其路而弗由，放其心而不知求，哀哉！人有鸡犬放，则知求之；有放心，而不知求。学问之道无他，求其放心而已矣"。教育，就是使人觉悟到自己的内心之善，求其安放，求其归来。孔子所谓"古之学者为己，今之学者为人"，《大学》所谓"明明德"，《中庸》所谓"天命之谓性，率性之谓道，脩道之谓教"，无不从人之本质的获得，人类之道德尊严的角度来定义教育的本质和功能。

　　我们编写这套丛书，正是承续先贤的教育理想，从人的角度，来重申教育的价值追求和自我品格。

鲍鹏山

2022 年 10 月 22 日

序　言

何谓成功？　一个教育的视角

　　成功是很多人的梦想，很多人梦想成功。成功的含义本来应该很丰富，但在商品经济背景下，成功的定义变得很单一，成名、富有似乎成为唯一的标准。君不见网络上有很多好事之徒，他们拉出一些直播软件上拥有众多粉丝的公众人物，晒出他们的收入，旁边再标注学历，目的是让那些名校毕业的"天之骄子"们汗颜，从而凸显他们的所谓成功标准。

　　是的，我们可以开列出很长一串成功人士的名单，他们没有受过完整的学校教育，没有获得较高的文凭，但却取得了"成功"。首先，是大家熟知的比尔·盖茨，从哈佛大学退学的他并没有在社会中越混越差，反而成为世界首富，这让教育的价值，成为有些人质疑的对象。但事实果真如此吗？最近，网上有一张图很火，图中行业"大佬"们围着饭桌吃饭，从他们背后标注的毕业名校的学历，我们不难发现，他们都受到过良好的正规的教育，学历似乎与成功成正比。这个事实，正是对那些质疑教育的人的一个最好的反击。

当然，"高学历"与"良好教育"之间不能直接划等号，学校教育也不是教育的全部。学校教育只是漫长人生旅途的一段路程而已，学校教育所给予学生的，只是学生在未来人生中去继续学习的能力。在某种程度上说，人们走入社会才是大教育的开始，人们在不断接受教育的过程中取得成功。

教育是终身的。比尔·盖茨每年都会在社交软件上贴出自己新近在读或已读完的书，这种自我追求、自我发展的教育方式，却被很多人忽视了。比尔·盖茨们有着不断学习的动力，即使没有大学的文凭，却有着远超一般大学生的学习能力，他们的成功就是通过终身学习得来的，无怪乎曾子会感叹"士不可以不弘毅，任重而道远"。君子的养成需终身为之，成功的获得，也需要终身学习，二者是一致的。

所以，何谓成功？非常值得我们去做认真的思考。我们认为，成功绝不仅仅是指成名和富有。名气的大小、金钱的多少，它们仅仅是成功的标志之一，只是在现代社会中，这些标志被人们无端地放大了，以至于我们对于成功的本质失去了清醒的认识。对于成名富有等这些世俗意义上的"成功"，我们姑且把它看成是教育的副产品，因为教育的目标绝不仅仅是名气和金钱，只是我们在走向"成功"这个目标的时候，顺道收获了名气和金钱而已。

　　教育的目标在于成功，成功的标准是多样的。看到了太多外在的绚烂之后，内心的富足却很容易被忽视。陶渊明"带月荷锄归"背后是生活的困窘，但他仍不为三斗米折腰，这是内在的富足与刚毅。孔子"饭疏食，饮水，曲肱而枕之，乐亦在其中矣"！此乐，才是内在富足之乐。我们的成功的标准是不是简单点了呢？内在的富足，让自我达到圆融境界，这就是庄子"独与天地精神往来，而不傲倪于万物；不谴是非，以与世俗处"的境界，当然可算成功。世俗意义上的成功，容易被看到，在商品经济发达的社会更加突出。殊不知，在中国知识分子的语境下，名气与金钱这些世俗意义上的成功是极其微小的，在历史的大视野下，显得薄如蝉翼。《左传》中提及"三不朽"："太上有立德，其次有立功，其次有立言，虽久不废，此之谓不朽。"三种不朽的标准在中国知识分子心中的地位是极为崇高的，知识分子们为着正义，为着心中之道，不惜捐弃其身。张载"为天地立心，为生民立命，为往圣继绝学，为万世开太平"是对知识分子们铁肩担道义最好的写照。他们虽往往无外在的绚烂、世俗意义上的成功，但却能成为万世楷模。为了教育奉献终身的张桂梅，自己病重，却将每一分钱都用在那些贫困的求学的孩子身上，这是"立心"的代表，这样的境界十分难得。如果说成功是一棵大树，那些枝丫便是各种成功的类型，可能世俗的成功总在眼前招摇着，但要知道，"独与天地精神往来"的成功、"三不朽"的成功一定是这棵大树上最高的枝丫，指引我们前行。

　　"读书日""读书节"是近年来的热门,但不得不承认,实体书店正以可见的速度消逝。我们需要逛街、买衣服,需要去餐厅吃饭,可逛书店的需求却似乎可有可无。读书的需求好像离我们越来越远了。不过也要看到,电子阅读正不断发展,读书,只是以另一种媒介存在着,从未远离。除去读书之外,名校慕课、B站里名师课程也呈现蓬勃之势,知识付费已成为共识。当离开学校教育之后,人们获取知识的途径越来越丰富。这样的学习,是在社会里的大教育,是深耕自己的一片"自留地",用来放置自己的心灵。对于普通人来说,圆融的自我、三不朽的成功可能难以达到,但只要朝着这条路不断前进,不抛弃、不放弃自己的理想,这样的人生也是成功的,也是美的,不是吗?

　　孟母三迁的故事被广为传诵,似乎为了教育,父母甘愿承受任何事。学区房与曾经热闹的学科培训背后,显现的是国人对于教育的重视。教育内卷严重,为了不让孩子输在起跑线上,鸡娃成为父母无奈而似乎必然的选择。其实可以明白父母的用心,他们的逻辑是:好的学校等于好的教育,好的教育等于好的工作,好的工作等于好的人生。因此那些好学校,父母"砸锅卖铁"也要去上;那些被父母认为是好的工作,成为毕业生热门的选择。好的学校与好的人生之间,被父母画上了等号,大有一步走错,就将跌入万丈深渊之势。学科培训曾经的红火,其实反映的就是父母焦虑的心。以更大的视野看教育,以更多样的眼光看成功,或许是我们当下应更多思考的内容。

　　为此,本书以"学以成功"为主题展开讨论,探索家长和学校共同关心的教育和学习使人成功的重要因素。第一篇"用行动开启成功之旅"主要从不要做行动的矮子、在行动中思考、在行动中反思、行动没有终点四个维度来讨论行动和成功的关系;第二篇"开启成功之门的几把钥匙"重点阐述了学会选择、确定目标、专注、反思与修正四个方面对成功的重要影响;第三篇"勤奋是迈向成功的台阶"集中讨论如何正确对待勤奋,推动走向成功;第四篇"细节决定成败"深入探究细节对成功的重要作用;第五篇"积极的心态助你成功"从人的内在角度分析了自律、乐观等对成功的帮助;第六篇"成功属于思想者"站在思想的高度反视成功的深层内涵。全书内容配有详实的案例分析,方便读者思考和理解。

　　本书由张硕和王林共同完成,其中第一到第四篇由张硕撰写,第五、六篇由王林撰写。

张　硕　王　林

2022 年 11 月 2 日

目　录

用行动开启成功之旅

开启成功之门的几把钥匙

—— 第三篇 ——

勤奋是迈向成功的台阶

—— 第四篇 ——

细节决定成败

—— 第五篇 ——

积极的心态助你成功

— 第六篇 —

成功属于思想者

第一篇

用行动开启成功之旅

一、不要做行动的矮子

知之真切笃实处即是行,行之明觉精察处即
是知。

——王阳明

这句话出自王阳明的《传习录》,他的意思是说,认识深刻实在,本身就是行动,行动自觉、明察,其中就有认识。古人早有"知为先,而行为重"的主张,留下了"纸上得来终觉浅,绝知此事要躬行"等富有哲理的传世佳句,一直以来深深影响着一代又一代人的思想观念。所有的成功都是以行动为基础的,无论多么美好的理想,多么宏伟的规划,如果没有付诸行动,终究只是空想。明初诗人林鸿在《饮酒》中说:"一语不能践,万卷徒空虚。"意思是说,一个人如果连一句话都不能付诸实践,他纵然读万卷诗书也只是枉然。人不能老是将自己的人生规划停留在纸上或脑子里,而要付诸行动。有行动,朝着设定的目标,努力去实现,把所学的知识和现实生活结合起来，学以致用，用以促学，学用相长，知行合一，在实践与认识的相互促进过程中，有效推进工作，才能最终取得成功。一分耕耘，一分收获，学习能力不会凭空生成，也不会自动提高。实践出真知，实践长真才，只有真正行动起来，才能去落实，否则只是空想罢了。因此，我们要"不驰于空想，不骛于虚声"，如果只是纸上谈兵、夸夸其谈，就容易脱离实际。

"千里之行，始于足下"，行动是认识的来源，是提高我们思想认识的前提和基础。在行动中，我们能够看到自身的不足和思维的局限性，不断改进我们的计划，完善我们的方案，反思经验，总结教训。唯有"知行合一"，才能看清我们脚下的路，达成我们的目标。

列宁曾说，不能做"思想的巨人，行动的矮子"。在我们看来，凡是行动中的矮子，也必然是思想上的侏儒。一个人，如果连自己的思想都无法落实到行动中，又怎么能够期盼他未来成就一番事业呢？

案例

　　我国第一位歌剧、交响乐女指挥家郑小瑛，于1950年来到当时久负盛名的莫斯科音乐学院学习作曲。她六岁学习钢琴，十四岁精通多种乐器并且多次登台演出。在莫斯科音乐学院，郑小瑛的音乐才华得到了老师和同学们的认可，她创作的曲子时常被学校交响乐队拿去演奏。

有一次,她在音乐厅看见指挥正在指挥乐队演奏她的曲子,她被那种意气风发的身姿深深地吸引住了,于是,一个理想由此萌发:"我要成为一名优秀的指挥家!"从那以后,郑小瑛一有空就跑到音乐厅去看表演,当然,最主要的是暗中学习指挥的技巧,还时不时找机会向教授求教。回到宿舍后,她就对着自己的曲子开始练习指挥,同学们都取笑她说:"难道你想成为一名指挥家吗?别白费力气了,那是不可能的事情!"

同学们的话其实不无道理,当时全世界的女性地位都不高,有机会接受音乐教育的女性已经很少了,更何况是女性指挥家?虽然不敢说全世界绝对没有一位女性指挥家,但在当时,他们都没有听说过。指挥家,似乎是专属于男人的职业。

"难道女性就不可能成为指挥家吗?"郑小瑛在心中发问。没人能给她答案,能给答案的人只有她自己!此后,郑小瑛在指挥上的学习和锻炼更加勤奋了,从表情到手势,从眼睛到心灵⋯⋯

机会总是属于有准备的人!有一次,学校里组织一个音乐盛会,郑小瑛所作的一首曲子被选进了演奏曲目中。而观众席中,有两位响当当的人物:苏联国家歌剧院的指挥海金和莫斯科音乐剧院的指挥依·波·拜因。谁都没有想到的是,正当音乐指挥走上台的时候,他居然扭伤了脚,一个踉跄跌坐到地上,全场一片惊呼。工作人员很快跑过去扶住教授,同时还有人把椅子搬上指挥台,想让他坐在椅子上指挥,但那同样不行,因为他扭到脚的同时也碰伤了肘部。教授摇摇头,全场不知如何是好。

郑小瑛一下子从椅子上站起来,在一片惊愕的目光中,走到那位教授的面前鞠躬说:"我以艺术的名义向教授申请接过您手中的指挥棒!"面对这样一张年轻而坚毅的脸,教授找不出任何理由拒绝,他把手中的指挥棒递给了郑小瑛。她转过身,对乐手们点头示意,演奏开始了:只见指挥棒在她的手中时而急促有力,时而舒缓悠扬,音乐就像是从她指挥棒上流淌出来似的,时而奔腾如雷,时而平静似水,她那热情奔放、气魄雄伟的指挥蕴藏着无比强烈的艺术感染力,简直无懈可击、完美无瑕,就连那位扭伤脚的教授与观众席上的海金和依·波·拜因也频频点头。一曲结束,掌声四下雷起,海金和拜因更是对郑小瑛给予了这样的评价:"她,将来必定是一位卓越的指挥家!"

当天,海金正式向郑小瑛发出邀请,让她进入苏联国家歌剧院深造指挥艺术。"艺术应该属于任何人,不应该有性别之分!"海金说。进入国家歌剧院后,郑小瑛刻苦学习,先后成功地指挥了《托斯卡》《茶花女》等一系列苏联经典歌剧,在苏联引起了极大的轰动。

几年后,郑小瑛艺成回国,为音乐事业做出了不少贡献，最终成为中国第一位卓越的交响乐女性指挥家。后来，中央歌剧院授予郑小瑛"终身荣誉指挥"称号。

 阐述

郑小瑛有了当女指挥家的梦想，她很快就付诸行动，她"一有空就跑到音乐厅去看表演""暗中学习指挥的技巧"，还"找机会向教授求教"，在宿舍里，"对着自己的曲子开始练习指挥"，并且面对同学们"取笑"没有退缩，终于实现了自己的梦想，成为我国第一位歌剧、交响乐女指挥家。郑小瑛的故事说明，行动是成功的基石。

成功源于生活，成功源于行动。第一次尝试就获得成功的人毕竟只是少数，不经历几次失败，不从实践中吸取经验教训并积极改正，很难在短期内取得突破。成功来自丰富的实践生活，而不是空想。要想开辟一番新天地，需要根据实际情况，具体问题具体分析。盲目从众，死搬教条，指望抄别人的作业，是绝不可能成功的。借鉴别人的方法是可以的，但他人的方法不一定适合自己，我们遇到的具体情境也不一样，因此必须要做到理论联系实际。

袁隆平院士在培育杂交水稻的过程中也遇到了很多困难、挫折，而他尊重规律，在实践中反复探索，在行动中去验证研究理论的正确与否，最终在研究中取得了重大突破。他在安江农校任教时，每天课后都径直走向实验田，亲自走到稻田中观察。第一年，他从最饱满的穗子上得到了稻种，并期待第二年会再次得到优质稻种。然而到了第二年，这些本该长出优质稻子的稻种却出现了变异。而这一次的失败经验，恰是极为关键的一次实践，让他根据科学理论，调整了对植株的判断。他返回实验田重新研究，并一一作了记录，经过反复的统计，验证了孟德尔分离规律的正确性，也验证了他的判断：第一年的优质异稻株是"杂交水稻"的杂种第一代。

袁隆平的实践行动让他发现了杂交稻的奥秘：只要探索出杂交稻的规律，就能培育人工杂交稻，把这种稻种优势运用到生产中，可以提高水稻产量。当他选择水稻杂种优势作为自己的研究方向时，受到了权威的指责和压力。然而，他根据自己的实践经验，以科学家的胆识和眼光判断杂交水稻将具有光明前景，心无杂念地继续展开研究。当时美国大学教科书上写着"自花授粉作物自交不退化，因而杂交无优势"这样的结论，在理论与实践发生冲突时，他尊重权威却不崇拜权威。当自己观察到的事实与权威发生冲突时，他认为"无优势论"没有长期试验依据来证明，他继续坚持自己的研究方向，从经验中得出"人工去雄"推广难度大的结论，转而选择用其他品种的花粉去给它授粉，发挥水稻的杂种优势。就这样，在这条国外专家认为实现可能性不大的研究思路上，袁隆平院士坚信实践发现事实，实践发现真理。根据自己的试验数据和推论，他最终培育出了产量高、质量好的杂交稻。这一路极为艰辛的研究，不仅试验难度大，而且还会经受权威专家的指责，然而他都没有停下行动的脚步。他的底气从何而来？是他真实准确的实验数据和结果，是事实，是一切从实际出发的实践规律。

近代教育家陶行知先生，人如其名，十分重视"知行合一"，对行动与实践经验的重视，是他在教育事业上取得成就的秘诀。值得一提的是，实践经验，不仅包括自身的经验，还包括别人在实践中总结的经验教训，这是一种借鉴和参照，是间接的实践，也是一种学习方式，但这些间接经验到底是否适合自己，还需要在亲身参与的实践中去比较和完善。陆游在《冬夜读书示子聿》中说"纸上得来终觉浅，绝知此事要躬行"，他强调"躬行"，就是主张在行动中去亲自实践。学习、借鉴别人的经验算不算是"躬行"？当然也算，但这是一种间接的学习方式。我们当然可以通过这种间接的方式进行学习，但每一个人都是一个独立的个体，有自己的独特性，一味照搬照抄，必然会尝到本本主义的苦头，因此，要具体问题具体分析。想要评估间接经验是否有效，"躬行"是一种非常有效的方法，这关乎自己的处事方式和思维逻辑。对于间接的学习方式来说，"躬行"的最大意义在于找到适合自己的解决之道，尤其是当我们的经验是从他人那里借鉴而来的。对我们自身而言，自己根据平日学习所得举一反三而来的方案设计，更需要亲自在行动中去核实、去验证，以便知晓其可行性与不足，及时调整方案。即使方案最终认定是可行的，也离不开这个过程。有时，在验证的过程中，也会有新的问题出现，这都会加深我们对方案的认识，提供给我们继续完善的机会。

　　此外，还有一个"深"与"浅"的问题。"纸上得来终觉浅"，这种借助间接的方式学习所获得的经验，如果没有亲自去实践，就有可能会错失很多细节和关键环节，认识偏向于肤浅、片面、孤立。并不是说别人的经验不够合理，而是基于自己行动中的体验，目前还达不到别人的认知高度和广度，因而在理解上存在偏差。这种认知偏差，如果没有自己的亲自实践，便不能弥补自己认识的局限性。即使是自己亲自在实践中总结的经验，仅仅一次实践是远远不够的，最好经过"实践——认识——再实践——再认识"的螺旋式的循环往复，才能从多方面、多角度去提升我们的认识，验证其正确性与合理性。

　　总而言之，郑小瑛的成功、袁隆平的反复实践、陶行知的重视"知行合一"都说明实践行动的重要性，没有行动，梦想就是空想。在家庭教育中，父母首先应该是一个行动者，在行动中，培养孩子的行动力，让他们在行动中享受成功的快乐。

二、在行动中思考

学而不思则罔，思而不学则殆。

——孔子

孔子这句话的意思是，我们在读书时，如果一味埋头苦读而不积极思考，将自己的学习和思考割裂开来，就不能深刻、准确地理解知识，更不必说充分利用知识，严重者甚至会陷入迷茫。如果我们一味思考而不付诸实践，终究只会是空想，也不会取得任何进步。学习离不开思考，行动也离不开思考，思考与行动相互依存，不可或缺。

思考是洞悉事物机制的唯一道路。全面地思考，是把握行动准则的重要途径。认真地思索，是调整行动步伐的必要前提。行动中加入自己的思考，才能使行动变得科学、有效。将思考付诸行动，让思考引领行动，是我们取得成功的必经之路。不断思量和评估行动的每一环节，通过实践中获得的经验总结抽象出客观规律,透过事物的纷繁表象揭示本质,是我们行动的最高指南。

实际行动开始之前,实践开启之初,我们需要妥善地思考。细致考虑行动方案的必要性与合理性,反复衡量和评估本次行动的目标。行动过程中,我们的思考应当贯穿始终。思考与求索,应当成为行动最重要的搭档。唯有坚持独立思考,行动才不会陷入被动和盲目。只有不断复盘我们的每一项行动,才能优化行动方案,及时调整,避免走太多弯路,迂回绕远。行动结束后,思考仍然不能缺席。推敲这一次行动的细节,反思这一次行动的过程,有助于将所感所得,并运用和落实到下一次行动当中。

 案例

一天深夜,著名的卡文迪许实验室领导人卢瑟福走进实验室,看见他的一个学生还伏身在工作台上忙碌。于是问道:"这么晚了,你还在做什么呢?"学生回答:"我在工作。""那你白天在做什么呢?""在工作。""那你早上也工作吗?""是的,教授,我早上也工作。"学生一边回答,一边略显得意地等待着老师的赞许。谁知,卢瑟福迟疑了一会儿说:"那么,这样一来,你用什么时间进行思考呢?"

的确,卢瑟福是一位极重视思考,也善于思考的伟大的物理学家、科研带头人。正是在他的培养和指导下,十余人荣获诺贝尔奖。

三 阐述

　　卢瑟福的这个故事充分说明对于研究者而言,学思结合的重要性。不只是研究者,我们每一个人都应该做到。每天只顾学习,这种"忙碌"看似很充实,会让我们内心有一种安全感,但也只是看起来而已,实际上是无效学习,长此以往不仅无助于能力的真正提升,还会充满焦虑和不安,最终身心疲惫。卢瑟福正是意识到这个问题的重要性,继而启发他的学生主动思考。如果每天做实验却不加以思考,不反思和归纳经验教训,仔细分析、比对实验数据,从中窥见隐藏在数据背后的奥秘,就很难真正取得突破。日复一日、年复一年的重复背后是创造性的缺失,只会毫无长进。脑中经过思考整理出了问题,心中就想出策略要去解决问题,就必然要学习,必然要思考。思考是推动问题深化的重要一步,如果只是被动地、机械地、重复地接受,而不思考,习得的知识也就难以真正消化和应用。让脑子动起来、活起来,把实践中遇到的困难加以总结,去提出新思路、新方法,在实践中加以归纳总结,在总结中举一反三、触类旁通。必须要求"真思、真学",把"我要学习""我要思考"注入灵魂深处,把乐学、乐思作为一种学习、生活的态度和追求,才能在好学、乐思中,带着问题导向,学有所成,学有所获。学习,是占有、挑选、消化,不是照抄和全盘接受。占有的材料从何而来,挑选的眼光从何而来,消化的内力和基础从何而来,这种兼收并蓄、去伪存真、去粗取精的分辨力来源于我们平时对问题的思考。分辨力是学习能力、思考能力和创新能力的综合体现,在今天的大数据和人工智能飞速发展的背景下,纷繁的信息不断涌向我们,它们打着"深度好文""一般人不知道的方法"的种种噱头,用尽各种方式吸引着我们的注意力,想要不被它们影响的确很难。在洪水般的信息席卷我们时,如何站稳脚跟,这无疑需要运用我们的判断力。拥有明辨是非的能力,才能不随波逐流,不人云亦云,不沦为毫无主见和想法的人。很多时候,在大数据的追踪下,营销号会根据用户的喜好,有目的、有意识地推送我们想要的视频和信息,我们在自以为自己"感兴趣"的氛围中不断"被洗脑",沉浸其中无法自拔。说白了,我们想要的信息根本不是我们真正想了解的,而是系统根据我们的搜索记录,推荐给我们那些他们想要我们看见的。在这样繁芜的环境中,信息碎片化、视频被"短视频化",细节被隐藏,真相被掩盖,只拎出最能吸引眼球和流量的部分,事件失去了完整性,真相被信息和视频的发布者操控,我们由"主动了解"滑落到了"被动接受"的境况,在节奏轰鸣的时代,这毫无疑问会引发我们的焦虑和不安。在娱乐至死的时代,面对大众的一场场狂欢,如何不被信息吞噬,不迷失,保持我们的独立分析能力和判断力,不沦为娱乐的附庸,需要我们保持清醒,严肃思考。

这种清醒和严肃思考就来自于平时我们对待学习和思考的态度。知识可能会随着时代而过时,但我们学习的思维能力却会引导我们学习新的知识,搭建新的框架,使思维不断得到延伸。巨大的愉悦过后是更大的失落感，这种失落来自我们习惯于自媒体为我们准备好的一切，习惯了自媒体给我们推荐的那些快餐，我们的最大矛盾大概就是先看哪一条，在不知所措和"点赞、收藏"中我们又浪费了许多时间，再接着一无所获，然后陷入更深的焦虑和悔恨中。我们在碎片化的信息中看到了一些有用的经验和知识，我们却没有从中反观自己的生活，没有将自己的思考融入其中，没有内化，没有形成独立思考的习惯，我们倾向于现成的答案和人云亦云，这是很可怕的。每一次的大型事件背后，容易被带节奏、站队的人都是鲜少思考的人，他们的情绪极容易被煽动，在鸡汤文精致的包装下，他们时而踌躇满志，时而一蹶不振，时而相信真爱，时而排斥真心，丝毫不考虑自己的真正需求。

所以判断力很重要，倘若失去了它，我们便被别人的文字所控制，轻易被人左右。学习与思考都是私人化的事情，别人的判断和结论不可以代替自己的思考。知识的内化需要学习，而随着学习的深入，我们思考得越来越深刻，只学习不思考会变得闭目塞听，只思考不学习，会使思考流于庸俗狭隘。我们要做的就是"学思结合"，不放弃每一次思考的权利，不放弃每一次学习的机会，将学习内化，提升自己的思维品质，明白什么是自己真正需要的，永远不要丧失学习和思考的能力。学习和思考给与我们难得的视角，使我们逃离充满庸俗价值观的世界。

三、在行动中反思

不会触类旁通，研究哪一门学问都难有
成就。

——傅雷

反思，是行动过程中最容易被忽略的一环。在行动中不断反思自己的所作所为，是我们沿着正确道路行进的重要保证。在反思中修正自己接下来的行动，是我们最终取得成功的关键。

以下以学习这项实践活动为例，说明"在行动中反思"对我们而言究竟有多么重要。学习作为学生最重要的行为活动，需要及时地反馈，适时地回顾，在思索探究中达成学习目标，在反省顿悟中摸索行动诀窍，在经验总结中提升学习成绩。反思过往的学习经验，调动起知识积累与实践经历，触类旁通，举一反三，是我们取得成功的重要途径。我们不可能只凭个人把所有知识和智慧都学到，人的有限性和自然的无限性都无法支持我们实现这样的野心。但好在我们是有主观能动性和创造性的人，会从过往的经历中吸取经验教训，学会举一反三，实现知识的迁移。孔子也曾说过："不愤不启，不悱不发。举一隅不以三隅反，则不复也。"在学生"愤"和"悱"的时候，不失时机地抓住机会去启发他们，便会实现知识的举一反三、融会贯通，只有这样才会事半功倍，收到较大效果。否则，便只是被动地接受知识，缺乏迁移转化的能力，这样的学习活动一定是被动的、零碎的、死板的、呆滞的，因而我们要避免这样的情况。

举一反三，如同"触类旁通""闻一知十"一样，在教育学、心理学上称之为知识的"迁移现象"，也称为"迁移效应"，是指先行学习对后继学习的影响，即已有知识和经验对解决新问题的影响。老师在课堂上不可能将所有问题都分析得面面俱到，但我们可以通过思维品质的提升，根据老师的"这一个"例子迁移到"这一类"的例子，由此在实践中获得更多的体悟，去解决更多的实践问题。如果不能举一反三、融会贯通，把所学知识扩充、延伸并运用到其他领域，一来知识没有及时消化，二来遇到教授的新知识便会混淆，最后前后知识点交叉在一起，只会令我们越来越混乱，最后不堪重负。

我们应当格外注重反思与行动之间的联系，让反思意识渗透到行动当中，优化行动的逻辑，提升行动的效率；在行动中落实我们反思的内容，回望应当成为继续前进的动力，反思应当化为向前路展望的底气。将反思落实为行动,让点滴思考在行动中闪光,是毋庸置疑的成功之道。

案例

　　路易·巴斯德是著名的法国微生物学家、化学家。他研究了微生物的类型、习性、营养、繁殖、作用等,把微生物的研究从主要研究微生物的形态转移到研究微生物的生理途径上来,从而奠定了工业微生物学和医学微生物学的基础,并开创了微生物生理学。巴斯德最伟大的发明,是以他名字命名的"巴斯德灭菌法",直至现在仍被应用。

　　当然,巴斯德理论还只是推测。而且,在杀灭多余酵母、验证其理论的同时,还不能破坏葡萄酒原有的味道。这才是最终解决问题的万全之策。于是,巴斯德开始寻找简便的方法,杀灭达尔吉尼奥的酵母菌样品。他很快便发现加热是最保险、最有效的方法。但是无论是葡萄酒还是啤酒,都是不允许加热的。巴斯德反复实验,对加热法作了精确的实验论证,终于找到了既能杀灭酵母菌中的活性细菌,又能保证葡萄酒不改变口味的方法。这个方法实际上很简单:在隔绝空气的情况下,葡萄酒在 60℃-100℃ 之间的温度被加热片刻。巴斯德用这种方法对葡萄酒进行了口味试验,结果表明加热丝毫不影响葡萄酒的口感,而且加热过的葡萄酒不再出现发酸的问题。1859 年,巴斯德灭菌法的应用从葡萄酒扩展到啤酒又扩展到奶制品。而后,巴斯德完成了微生物理论的研究工作,证明了有机体极其微小,肉眼看不见,悬浮在空气中并布满了几乎所有物体表面,进而开辟了微生物学领域。后来,巴斯德灭菌法与包装工艺和车间灭菌技术相结合,成为食品工业的基本生产流程。乳制品、葡萄酒和啤酒加工业也因此得以从小型的地区经营发展成为超大型国际集团。巴斯德灭菌法被称为发明史上最著名、最实用的加工工艺之一,它能够防止微生物疾病的传播,为人类食品安全提供了保障。

三 阐述

巴斯德正是基于广博的学识、丰富的联想,善于由此及彼、举一反三,才能够有这样做法。在这个基础上,充分消化、吸收知识之间的内在联系,化为己用,最终为了解决实践的需要,从一件事情上类推,从而创造出了新方法,解决了新问题。举一反三,是在充分掌握知识的基础上,运用联想能力进行迁移的实践。这种方法由此及彼,由简单到复杂,通过类推和融会贯通,不断举一反三,发明新方法,提高了行动的效率,也锻炼了思维品质。这样的例子生活中还有许多,我们在研究了动物各自的独门绝技后,举一反三发明了仿生技术。如今的很多人造产品,都是举一反三的结果。试想,如果我们不会举一反三,那么知识只不过是一堆文字。我们生活的宇宙无时无刻不在变化,想要应对变幻莫测的突发事件一定会困难重重,如果我们缺乏迁移的能力,必然难以处理好实践中的问题。因此,迁移能力非常重要,人类的工作在很大程度上具有相通性,这就为我们实施知识的迁移转化提供了可能性。况且,迁移能力是否具备,有没有具有推广的意义,也需要在实践中去检验。

因此,举一反三,"举一"是前提,需要我们有扎实的基础知识,"反三"是促进知识迁移的关键。学习新知识,只有基础牢固了,才可以对行动产生积极影响。我们能找到事物之间的相关性和内在联系,便可以用迁移的方法去融会贯通。我们人类是视觉动物,很容易将目光投射至事物的表象。实际上,很多事物虽然表面千差万别,本质却是一致的。语文、数学、英语虽然是不同的学科,但在学习方法和思维形式上呈现较大的相通性,因此好的学习方法是共通的。由此可见,迁移能力对我们洞悉事物的本质有较高的要求。所以当我们遇到新问题而手足无措时,首先可以回顾我们已经学过的内容,很多用来解决某问题的方法可以迁移到类似的问题上。生活中我们遇到的大部分问题,早就有解决方案了,只是因为我们不常使用这些方案,所以方法沉寂在脑海深处,这就需要我们及时去唤醒记忆。如果实在搜索不到,我们可以尝试去学习新知识来解决。我们在本章伊始就强调"举一"的重要性就是出于这个考虑。旧有知识如果不那么深刻、扎实、系统,那么在我们需要时就不会那么轻易出现在大脑中,甚至有时候会对我们的思考形成干扰。

　　拥有了迁移能力，我们在行动中解决了某个问题其实就是解决了这一类问题。所以总结好旧有知识和经验，可以让我们遇到问题时不再从零开始，也可以迅速唤醒我们的记忆。拥有了迁移的基础，接下来就是在多样化的情境中去练习它、使用它，形成多个不同情境中的案例，而不是仅限于单一情境，这样的训练有助于我们在应对各种复杂多变的问题时迅速联想。我们甚至还可以假想，如果再遇到类似的问题，是否可以再次使用这种策略和方案；如果不能，二者的差异是什么，有没有方法上的可借鉴性，还是新遇到的情况有新的变化。我们由此可以整理出较普遍的、具有可推广性的方法，以便在下次出现时可以迅速套用。当然，面对不同本质的事物，我们也可以先考察事物之间的相关性，用处理简单事物的思路去将复杂事物分解，总之，就是从多个案例中概括出较为普遍的方法推而广之。只要用对方法，迁移会简化难度，提高工作效率。我们要学会的不仅是知识的迁移，更是方法的迁移、角度的迁移，如今的很多课程都体现出了跨学科渗透的趋势，这也是迁移转化能力的体现，能帮助我们学会举一反三，提高综合运用能力。

　　当然，举一反三的同时还需要警惕迁移会引起的负面影响，因为先学习影响后学习的同时，后学习也会影响先学习。从正面影响看，先学习奠定了基础，会为后学习提供理解的可能性，尤其是对新问题、新情境的处理和认识有助于实现知识点之间的贯通和转换；后学习也会加深先学习的认知，克服先学习时的不熟练，建构系统的知识网络，提高知识的串联能力，提升解决问题的灵活性。但我们也要注意旧有知识和新知识之间的负迁移，就是两种学习之间存在干扰和阻碍，比如小学汉语拼音的学习会对英语音标的学习有阻碍作用。如何尽可能减少旧有知识和新知识之间的干扰，促进已有知识对新知识的联想和联结从而产生新的知识，这是我们该思考的问题。很多时候，在未熟练掌握知识点时，负面影响会更大程度上影响我们的迁移能力。

迁移能力是一种学习方法，也是一种思维方式。我们不能仅仅是学会这个知识，而不知道这个知识点该如何在生活中运用，这就需要我们将所学的内容有目的、有规划地去练习，让迁移力成为受用终生的能力。在练习之前，吃透核心概念并有意识地进行勾连和组合，用自己已有的知识储备去迁移和整合。在练习时，根据具体情境进行调整和修补，在不断的丰富和完善中提升自我的迁移能力。对我们每个人而言，不仅要做知识的收集者，还要将学到的知识重新排列、组合，创造新的知识，这才是真正的迁移转化、举一反三。

在学习中，在工作中，在任何行动的过程中，反思都是行动的刻度表，是行动的指南针，更是行动的智慧锦囊。如何反思才有效，怎样反思才合理，值得每一个人忖度沉思。在行动中反思，在反思中继续行路，相信成功就在不远处等待着你。

四、行动没有终点

知之而不行，虽敦必困。

——荀子

　　荀子这两句话的大意是，懂得许多道理却不付诸实践，虽然知识很丰富，也必将遇到困厄。人生就是一个不断学习、提升自我的过程。在这场修炼中，我们通过"实践、认识、再实践、再认识"的螺旋式上升过程，不断检验自身学习效果。生命不息，学无止境，只有树立终身学习的理念，才能在时代的浪潮中不被湮没，保持自己的竞争力。但仅仅有这样的理念是不够的，无法在实践中做到知行合一，用所学的知识更准确地去认识世界、改造世界，终身学习便会沦为空谈。陆机在《文赋》中也曾说过："非知之难，能之难也。""知"的终极目标是为了"行"，一旦我们在实践中厚此薄彼，重"知"忽"行"或"行重于知"，没有把握好二者之间相辅相成的关系，最终都会使我们的事业事倍功半。"知"就是我们的思想认识,是意识层面的,"行"指实际行动。"知"是前提和基础,"行"是关键和根本。"知"从哪里来?我们每个人的认知是有限的,"知"从"学"而来,是扩宽我们认知范围的重要方法。"行"在这里就是指把所学到的知识运用到实践活动中。学到的知识仅仅存在脑子中就只是一堆符号而已,把这些理论和指导方法付诸实践,才能使知识焕发出智慧的光芒,切实解决实际问题。《论语》中有"听其言而观其行","君子欲讷于言,而敏于行",言行一致,知行合一,才是我们认为的君子行径。不要看一个人学了什么、说了什么,而要看他最后做成了什么、改变了什么,看重他活学活用的实践能力、学用结合的迁移能力。孔子也十分强调用学,他曾说"诵《诗》三百,授之以政,不达;使于四方,不能专对;虽多,亦奚以为?"熟读了《诗经》,交给他政务却办不好;派他出使各国,又不能随机应变、独立解决;虽然读书多,又有什么用处呢?出自《子路》这一章的语录振聋发聩,是啊,只读书,不会使用,无法学用结合,最终也只是一场自我感动式的学习罢了。表面看,孔子似乎在批评那种只会机械读书却不会灵活运用知识的人,但我想他更深层次的意思恐怕是在启发我们:怎样学习才是最高效、最有用的。真正的会读书不是死记硬背,逞才炫博,而是学以致用,把所学运用到实践去指导实践,接受实践的检验,在实践中提高、加深自己的认识,这样一个循环往复的过程。活学活用是检验一个人是否真正弄懂弄通、能否举一反三的最佳方式。正如周海中所说："学而不用则废，用而不学则滞；学用必须结合，二者缺一不可。"

 案例

相传叙拉古赫农王让工匠给他制作了一项金王冠，但做好后，国王怀疑工匠从中私吞了一部分金子，就给阿基米德布置了一项艰巨的任务，让他鉴定王冠是不是纯金的，同时不得损坏王冠。

阿基米德拿到王冠后，每天苦苦思索都不得灵感。一天，阿基米德去浴室洗澡，他刚跨入浴桶，身体浸泡在浴桶里，一部分水就从中溢了出来。阿基米德观察到这一现象后，灵机一动，惊呼："我找到办法了！"原来他想测定固体在水中的排水量来确定王冠的体积。

于是阿基米德拿一块和王冠同等重量的金子，分别放入盛满水的容器中，结果发现有王冠的容器里溢出的水更多。这就表明王冠的体积比相同重量的纯金体积大，说明王冠中被掺杂了其他金属。就这样，随着研究的进一步深入，浮力定律诞生了。而这次实验的意义远远高于查清工匠的欺骗行径。三国时期，曹冲称象也是运用类似的原理。如何让大象完好无损，同时又能彻底弄清大象的体重，曹冲也是运用浮力原理，才准确得出大象的实际重量。

阐述

　　阿基米德、曹冲都熟练掌握体积计算方法,又善于观察和迁移,将所学运用到实践中,最终学以致用解决了问题,圆满地完成了任务。

　　知行合一,学以致用,最重要的条件就是活学活用。好学、乐学、博学、善学,最终指向的也是在行动中运用所学,是学以致用。活学,就是树立终身学习的理念,广泛地学习,向一切可以指导自己的人学习,所谓"闻道有先后,术业有专攻","生乎吾前,其闻道也固先乎吾,吾从而师之","生乎吾后,其闻道也亦先乎吾,吾从而师之",总之"道之所存,师之所存也"。我们学习的源头从何而来?在各个领域有专长的人都可以是我们学习的榜样和对象,只有这样才有源源不断的活水注入,不断刷新我们的认知,拓宽我们的视野,为我们将来的实践提供理论和思想依据。这种开放且理性的态度可以保证我们接受的信息的质量,有助于知识的内化。死记硬背容易遗忘,也没法在我们需要时灵活调动、迁移,主要原因是学习过于机械、被动,缺乏建构知识体系的能力。你可能对背诵《赤壁赋》这样的长文感到棘手,但如果你能梳理原文的结构和情感变化,在脑海中创设情境,就能将抽象的文字视觉化,图文并茂,背诵也就轻而易举了。所以活学,需要我们开启头脑风暴,学会从不同角度去思考解决问题的方法和路径。在这个基础上,也要培养自己的提问能力,主动将知识系统化。学到的知识也多去回顾，一开始容易遗忘，但熟能生巧，时间久了，不仅更新了自己的知识模块，还将更多的知识点建立了联系，使不同学科之间发生碰撞，在脑海中建立属于自己的知识体系，继而由点到面、由零碎到系统。我们搭建知识网络并对其进行管理，本质上就是为了创造，因为知识网络很大程度上影响着我们的思维水平和创造力。这种搭建，可以是先有大框架再填补知识点，也可以先积累知识点，再结合知识点之间的交叉总结大框架。做完这部分工作并不意味着结束，活学的目的是为了活用。

因此，我们可以这样理解，不以指导实践、改造实践的学习是假学习，不是我们所提倡的"活学"。因为"活学"最终就只要"活用"，是要灵活解决实际问题的。对我们来说，最关键的是如何在看到不熟悉的问题时迅速与旧有知识建立联系并解决现实问题。首先我们应巩固旧有知识，以便在遇到新问题时建立牢固的知识检索体系。其次，建立属于自己的思维模型，通过联想、重建等，将大量的零碎知识系统化。再次，学会融会贯通、举一反三，练习在不同情境下检索信息的能力，给这些信息建立新的联系，形成一个彼此关联的网络。这样的网络不仅强化了我们对已有知识的理解力和熟练性，同时还可以增加检索、梳理的效果，由点及面，在更多场合得以应用。我们不仅要学会概念，还应学会归纳和总结，在必要时进行分门别类，用多样化的形式进行检索，重新梳理逻辑。我们的认识遵从由简单到复杂的认知规律，但我们的"活用"却是抓住事物的本质和共性进行迁移。在实际操作中,不仅可以检验这种方法是否具有可行性,还可以查漏补缺,找到我们的不足,明确修改、完善的方向,有针对性、有目的性地进行研究。

庄子曾说过:"吾生也有涯,而知也无涯。以有涯随无涯,殆已!"人的生命是有限的,而知识是无限的,用有限的生命去追寻无限的知识必然会遭遇重重挫折,但这就意味着我们无能为力了吗?当然不是。庄子的话一方面承认了个体的有限性,同时也启发着我们如何在有限的生命里实现自我的价值。真理是无穷无尽的,求知是人类的本性。尽管我们不能学会所有的知识,我们仍应树立终身学习的理念。一来,能够帮助我们提升自己的认知,更好地应对变幻莫测的世界,让我们学会遵循规律求知,这种规律是我们在"行"的过程中认识到的。二来,我们可由此掌握世间万物发展的规律,从本质上把握事物之间的共性,这样就能由一般到特殊,再从特殊到一般的认知规律,总结出可以推广的方法,就比广泛求索更有意义。

我们很多时候学习了那么多知识却依旧过不好这一生,在面对各类问题时一筹莫展、手足无措,不是我们知识学得不好,而是没有联系、发散和融会贯通的能力。看过的书、听过的课无法内化为自己的知识,也无法建立相应的体系和框架。因此我们的学习应该以"活学"为中心,"活用"为目标,将学习的过程变为"吸入——转化——输出"的过程。这样,我们就将知识和能力相互转化,去更好地认识这个世界、理解这个世界。有时我们觉得知识没用，恰恰是因为我们没有真正学会，要是真正学会运用知识了，我们会不自觉地用这个视角去观照一切问题。

学无止境，实际上，人生的行动都是无止境的。只要开启人生之旅，我们就要努力将它转化为行动之旅。把习得的知识转化为解决问题的能力，学以致用，我们的生命就会因此拓展其深度、高度和广度。把行动的过程，化作最璀璨的经验和最珍贵的思考，我们的人生就会接近成功。

第二篇

开启成功之门的几把钥匙

一、学会选择让你事半功倍

没有目标而生活，恰如没有罗盘而航行。

——康德

当我们用行动开启成功之旅时，有一个问题是需要我们认真思考的：我们应当选择确立怎样的目标，我们应当如何做好接下来的选择。

我们经常听到有人抱怨，为什么我这么努力，却还是无法达到预期。我们是不是一开始就应该思考，选择的目标究竟是否适合自己。通常，我们更期待，够一够、努力一下就能实现的目标，这样的目标可以迫使我们走出原有的"舒适圈"，激励自己做一些突破，超越原来的自己。所以目标的确立很重要，如果选择轻易就能实现的目标，要么说明目标太简单，没有挑战性，要么说明，自己懒于去做真正有意义的事情。因此，选择比努力更重要，目标是指引着我们明确奋斗方向的。

方向一旦找错了,就只有徒劳而没有功劳。

在我们的成长、学习中,不是所有的目标都是真正的目标,也不是所有的问题都是真正的问题。很多人一开始元气满满,看到问题就埋头解决,却从未真正思考这个目标或问题到底是不是真正的目标或要解决的问题,最终只是闭门造车式的假努力。我们一定要避免这种自我欺骗,所以要先确定自己的目标和要解决的问题,无法搞清楚这个问题,最后可能会徒劳无功。

 案例

任小萍女士曾经是北京外交学院的副院长,她说在自己的职业生涯中,每一步都不是自己刻意选择的,而是服从组织上的安排。但是在她干过的所有的工作中,她都有自己的选择,那就是要做最优秀的。据她回忆,在 1968 年,她有机会成为北外的一名工农兵学员。在当时的学员队伍中,她的年纪是最大的,水平却是最差的,第一堂课就回答不出问题,因此还被老师罚站了一堂课。第二天,学员们在教室里挂出这样一条横幅:不让一个阶级兄弟掉队。而她就是"阶级兄弟"中的一员。不过,经过她的努力,在毕业的时候,她已经是全年级成绩最好的学生。

大学毕业后,任小萍接受组织上的分配,到英国大使馆做接线员。当时,在许多人看来,接线员是最没有出息的工作，没有一点价值，但是任小萍没有挑三拣四，而是坚持做了下去，结果经过一番努力，她在这份工作上做出了自己的特点。大使馆里所有人的姓名、电话、工作范围，甚至他们家属的名字她都记得一清二楚。有人打电话进来有事，却不知道该找谁，任小萍只要多问几句，就能准确无误地帮对方找到相关人员。日子久了，使馆里有人外出，不告诉自己的翻译，而是打电话给任小萍，叮嘱她谁有可能会来电话，应该转到哪里去等，大家有许多公事私事都会委托给她，在那里任小萍几乎成了大家的贴心秘书。正因为她的出色，因此得到了大家一致的好评。一次，英国大使馆的一位大使，还专门跑到电话间来称赞她，这在英国大使馆里是从来没有的事。由于任小萍在工作岗位上的出色表现，没干多久，她就被破格调到某报社去做特派记者翻译了。

该记者是一家报社的首席记者，也是个颇有名气的老太太，本事大，脾气也很大。前任翻译就是被这位记者赶跑的。老太太一开始没有看上任小萍，认为她的资历不够，后来才勉强同意，并要求先试一试。然而，一年后，老太太逢人就夸她："我的翻译很出色，最起码比你的好十倍。"此后不久，任小萍凭借出色的表现，调到了美国驻华联络处。在这里，她的表现同样出色，并且获得外交部的表彰。

阐述

一个人在无法选择工作时,至少他永远有一样可以选择,就是好好干还是得过且过。同一种工作岗位上,有的人勤恳敬业,付出的多,收获也多,有的人整天想调好工作而不做好眼前的事。其实,这样的选择就决定了将来的被选择。任小萍就选择了在自己的工作岗位上比别人做得更好,平凡的工作就会做得不平凡。

我们在制定目标时,也要结合自己的实际,要主动选择自己的人生,避免盲目跟风。在现代社会,停下来思考是一件非常奢侈的事情。同时,我们也乐于模仿或者复制别人的成功经验。人们往往会关注大多数人的做法,或以成功人士、社会权威的经历为参照,让自己朝着和他们一致的方向发展,这是一种普遍的社会心理。

这样的心理在生活中很常见,我们看到卖家推荐的衣服和搭配,就盲目地相信只要自己买了同样的衣服,就能取得同样的效果,而最终看到的是"买家秀"和"卖家秀"之间的巨大差异。我们在商家的狂轰滥炸之下失去了理性思考的能力,丝毫不考虑自己的身材特性,不考虑我们和模特的不同气质,我们只愿意相信我们愿意相信的效果。我们看到知名人士列出的书单,头脑发热之下疯狂购买,丝毫不考虑自己是否真的会完成阅读,似乎只要我们购买了它们,就立刻拥有了其中的知识和智慧。最终买回来的书都还没拆封,只是徒增灰尘罢了。我们看到"别人家的孩子"次次考试都名列前茅,心里也艳羡不已,想要拥有这样的天使宝宝,却从不反思自己的教育方式和孩子的学习策略、学习习惯。我们这样做,有的是为了适应群体,为了找到归属感,不想被孤立;有的纯粹是缺乏做出正确选择的能力,没有个人主见,倾向于从众。

很多人无法成功,并非是不够努力,而是他们没有弄清楚何谓真正的成功。每个人都是独立的个体,基于自身的身体素质和身心发展规律,应该制定属于自己的"成功之路"。这条路是适合自己的,它具有可行性,目标不能过低,也不能过高。目标选择得过低,缺乏挑战性,容易做到,会给自己造成一种"我原来这么厉害"的假象。目标选择得过高,脱离实际,总是无法实现,又会产生挫败感。我们切记不要盲目跟风,最后失去了自我。学会辨析思考,选择适合自己的路,才能走得更远。比较能推动自己向前一步的目标是这样的:当前这个目标凭借自己的当前能力还不能完成,但通过一定的努力,够一够就可以实现。选择这样的目标才对自我提升有所助益。

苏联教育家维果斯基提出的儿童教育发展观中有一个"最近发展区"理论,认为学生的发展有两种水平:一种是学生的现有水平,指独立活动时所能达到的解决问题的水平;另一种是学生可能的发展水平,也就是通过学习所获得的潜力。两者之间的差异就是最近发展区。我们在努力时也应着眼于自己的"最近发展区",自己的目标设置要带有一定的难度,在实际生活中充分调动自己的积极性,发挥潜能,超越其最近发展区而达到下一发展阶段的水平,然后在此基础上进行下一个发展区的规划。

我们的目标也是如此,有短期目标和长期目标,短期目标的完成应该有助于长期目标的实现,而长期目标又会促成下一个短期目标的达成,这是一个不断实践、提高认识、再实践的过程。虽然维果斯基的理论主要是针对儿童教育,但放到我们的成长成才之路上也有一定的借鉴意义。目标的确立是基于自身真实情况,同时又有一定的挑战,在这个基础上投入一定的努力,发挥自己的潜力,最终实现一定的超越。当这个目标实现的时候,你就会发现,你自己也脱胎换骨,不再是从前的那个自己了。

我们每年的新年都会给自己制订一个新年计划,或是减肥目标,或是提高业绩。制订计划的时候,内心激动不已,似乎是已经来到了看得到效果的那一天,但往往是热度持续了一天,更长的话,可能一周,我们就忘记了当初的踌躇满志和"坚定"意志了。我们这样的经验不在少数,每年期末考试那几天疯狂复习,在那几天疯狂输入知识,我们发誓下一学期从学期初就努力学习。然而下一学期呢,当初的血泪教训早已抛在脑后,当初的痛苦也早已消散不见,等到学期末又重蹈覆辙。

制定目标当然是必要的,而且是重要的,它给我们指明了方向,让我们不再迷茫、彷徨。

如果说终极目标是宏大的,也带有巨大的压力,而短期目标就是具体的，有明确衡量标准的目标。当目标被分解了，目标的激励作用就显现了。如果我们是实现了一个目标就得到一个正面反馈，这对我们自信心的形成有重要的促进作用。我们应该在阳光的沐浴下、暴风雨的洗礼中，做出每一次"向阳"的选择。积极的生活态度会让我们用感恩的心去面对一切所谓的不公，所谓的荆棘，所谓的坎坷，会让我们在一次次的磨炼中拥有一双足以冲破云霄的翅膀，更会让我们在每一次的挑战面前做出真真正正的心灵的选择。

我们要了解选择的重要性，一个正确的选择，能为我们指明奋斗的方向。选择合理的目标，选定正确的道路，选择合适的方法，是我们行动的良好开端。学会选择，向着梦想中的方向奔去，才能接近成功。

二、确定目标走向成功

> 缺乏理想的现实主义是毫无意义的,脱离现实的理想主义是没有生命的。
>
> ——罗曼·罗兰

在我们制定了目标,明确了方向后,我们应该思考的是这个目标可以执行多久,具有多大的可行性。毫无疑问,这是一个需要在实践中不断被检验,不断复盘,再更新再完善,再去经受实践检验的过程。人是脆弱的,一个人拥有惰性也是正常的,想要让一个人总是保持打鸡血的状态,也具有较大的困难,何况如果一直这么拼命,其结果就是以身体的消耗为代价。总之,这样的方式是不长久的,因而也是不可取的。

人是软弱的动物,弓弦不能绷得太紧,总要留有可调整的空间。我们很容易被周围的情绪带动,容易盲从于他人的行动。今天听了一场励志型讲座,当时心潮澎湃、激动不已,立即制定好规划,第二天就开始执行,但到第三天发现目标太高,很难实现。于是,我们总是间歇性踌躇满志,持续性混吃等死。正如黑格尔所说:"人类从历史中学到的唯一教训,就是人类没有从历史中吸取任何教训。"我们不断复盘、反思,却没有静下来反思我们的目标是否合理。

案例

永动机是一种不需要外界输入能量或者只需要一个起始量就可以永远做功的机器。事实上这种机械是不可能被造出来的,因为它违背了能量守恒定律和热力学定律,其实质就是凭空产生能量。

达·芬奇也曾进行过永动机的研究,后来经过实验得出结论:永动机是不可能实现的。英国物理学家焦耳也一度痴迷永动机研究,却没有一次成功。幸好他迷途知返,意识到永动机不具备可行性后,退出幻想迷宫,转而研究隐藏在失败背后的科学真谛。最终经过研究,他找到了热功当量,为建立能量守恒定律做出了杰出贡献。

阐述

达·芬奇和焦耳的事迹都说明,我们在确立目标时一定要考虑其可行性。或许在制定目标之初,未经受实践的检验,目标有其缺陷,因为它还处于设想阶段。然而一到实践中,就应该根据目标的推进及时作出调整,因为此时应该考虑其可行性和可操作性。

一个方案总是在实践中不断去调整、修订而臻于完美的,因为在此之前,它只是我们脑海中的一个规划而已。所以,不必为之前没有考虑到的情况而灰心、沮丧。在制定目标之初,每一个人都是秉持着高目标、高要求去激励自己的。但我们应清楚地知道,过高的、不切实际的期待是毁掉一个人的开始。在落实、推进的过程中,要找到具体可执行计划的措施,有针对性去做。不做计划就会迷茫,做了规划却无法实现,那么带来的就是无穷无尽的焦虑和挫败感。

在推进的过程中,我们应该尊重规律。很多事情最后办不成,就是违背了常识和规律,所以当我们开始一段新航程的时候,要进行一些调研,不亲自经历一些事情,就无法真正思考事物本身的规律,从而判断其可行性。不尊重规律,就只能获得自我感动和失败。输出和输入总是匹配的,带着思路做事,哪怕暂时走弯路,暂时失败,也能从中汲取经验教训,不断总结分析,不断锻炼并提升自己看待事物的能力。

我们有了目标和计划,却执行有限,一来可能是我们做的事情本身就具有挑战性,会遇到各种阻力,所有这些不利因素最后汇合起来就是一个声音:这个事情有难度,很难做好。二来就是我们的目标缺乏可操作性,不适合自己当下的节奏、能力等。请警惕,在我们不想做一些事情的时候更加需要自律。所以当你不想做一些稍微有难度的事情时,不要轻易放弃。

你已经制定了目标，踏出了最重要的一步！这时我们最需要的是自律，每一次打退堂鼓的时候，都是突破自己局限性和惰性的时候。要用理性去战胜自己的惰性，重新调整自己的节奏，使自己的状态重新趋向目标和规划。"我是一个自律的人，我想做好一件事"和"我想变成一个自律的人，我可以做好一件事"，是两种不同的概念。一旦你在内心给了自己较大暗示，确立了某种身份认同，相当于建立了一种立场，建立了对他人的承诺，那就是自己对他人的一种契约。每个人都有言行一致的愿望，一旦做出了决定和选择，很快就会受到来自外界和内心的压力，迫使我们按照曾经许诺的那样去做。在这种情况下，我们会竭尽全力证明自己是个信守诺言的人。所以，首先不轻易破坏自己对自己的承诺。一定程度上，我们想要变得更好，想要完成自己的目标，是一种正向的期待，而不是某种形式上的束缚；是要让自己变得更好的一种内驱力，而不是外界对我们的要求。当这种内驱力变成自己的忠实朋友后，你不必想着怎么去执行自己的目标，而是想着你的目标，为目标而奋斗，这便是内驱力。

根据心理学理论，内驱力是在需要的基础上产生的一种内部唤醒或紧张状态，表现为推动有机体活动以达到满足需要的内部动力。内驱力决定了动机的方向和大小，自我提高的内驱力是一种通过自身的努力能胜任一定的工作，取得一定的成就，从而赢得一定的社会认可的需要。这充分显示了，当一个人有自我提高的诉求时，目标就变得容易完成。因此在成长中，与其我们总是在旁边督促孩子去做一些事情，按照我们的意志去指导他们做一些事情，不妨换个思路，去激励他们主动做一些方案，唤起他们的兴趣和主动性，由被迫变为主动，在完成目标的过程中，同时又享受了这个过程，何乐而不为？

我们常常会有以下这个错觉：既然已经制定了目标，我们就会按部就班地去完成，而实际上我们缺乏对可操作性的考虑。有一位学生为了在接下来的考试中取得较好的成绩，在暑假给自己制订了一个复习计划：早晨 6:00 起床，6:30 吃饭，7:00 开始背英语，8:00 做暑假作业，10:00 去上洗手间，10:20 开始整理错题，一直整理到 12:00 去吃中饭。12:30 吃完中饭去玩会儿手机，下午 13:00 开始学习，一直到下午 15:00，稍作休息，接着学习到 17:30，吃晚饭半小时，玩手机半小时，18:30 开始刷试卷，一直到晚上 23:00 准备睡觉。

这个规划看起来简直是完美无瑕，时间都被充分利用了。但是这样排满的时间表，能坚持使用多久呢？因此，这个规划并不能起到多大作用，因为它存在一个致命的问题，就是执行计划的人，每天要学习 14 个小时左右。这就意味着一旦时间久了，大脑会感到非常疲惫，因为学习强度实在是太大了。你不能从一开始就将目标设置得太高，除非你从一开始就不想去实现它。

所以要制定详细的步骤，同时也积极与其他人沟通，吸取经验教训，可是也需要给自己的目标留有余地和弹性空间。

这样做不是一开始就对自己降低要求，而是作为新手，充分考虑到"摸着石头过河"的阶段特性。我们有时在完成的过程中，根据推进的实际情况，尝试着有步骤地减少任务量或减小任务难度，甚至有时不得不两个同时调低，这绝不是妥协或者放弃，是为了目标不至于中途夭折。或许我们可以每天记录工作进度，实时更新，或者列出明天的任务单，在进度缓慢时，看到时间使用的痕迹，这也会给自己一些鼓励。

实现目标需要强大的意志力，而在这个过程中很容易陷入自我怀疑。在实现目标的过程中遭遇阻碍时，会不断产生想要放弃的念头。要知道出现棘手的困难是很正常的，我们不是失败，只是暂时没有成功，这本就是一个不断摸索、尝试的过程。稍作调整，分析清楚原因，及时总结经验，就能继续取得突破，要知道自己接下来要做什么，不断坚持下去，去努力行动，而不是困于原地胡思乱想。

我们的注意力太容易被周围的环境影响了，当然这对我们来说就未必是坏事。注意力容易被转移，在执行任务的过程中也有优势，这样的人善于发现新机会，注意到别人忽略的东西。当然，弊端也是很明显的，容易被新的想法和其他事情分散注意力而影响到自己目标的达成。

你可以做的是，把计划清楚地记下来，放在冰箱贴上、手机旁边、办公桌上。当你被其他事情吸引时，可以很快在视线范围内看到自己最初的目标，如果有新想法也可以及时更新。这就像是当你拥有了地图时，你就不会忘记你自己来时的路和将要去的目的地。当你容易被外界打扰时,可以选择合适的工作环境和组织。如果在家里容易被打扰,图书馆会是一个好去处。如果你在其他人的注视下,更容易保持专注的话,那么咖啡厅是一个不错的选择。

还是那句话,每个人在坚持一个任务时对于挫败的耐受度不同。有的人,不达目的不罢休,意志力坚韧;有的人,一个打击会让他一蹶不振。所以,我们更要充分了解自己的状态,及时为每一次的坚持给予积极暗示。如果实现目标的过程中,发现前面的路实在走不通,换个方向也能及时弥补损失。达成目标的过程是漫长的、艰辛的,要学会觉察自己的情绪变化,学会劳逸结合。我们能做的就是关注自己付出的努力而不是结果,其实就是一个道理,愿意去完成目标,也愿意打破实现目标路上的种种僵局,及时与自己和解。

目标是通往成功之途上的指路牌,是我们赢得成功的重要引领。理智选择、锁定目标、根据目标确定计划、紧盯目标展开行动……我们追随目标的每一步,都是向着成功的方向迈进。只有以目标为准绳,以目标为行路的指引,追求成功的过程才不会充满迷惘与不安。只有从始至终把握住目标,才能克服成功道路上的艰难险阻,将追梦之旅化为坦途。

三、专注让你成绩惊人

人的思想是了不起的，只要专注于某一项事业，就一定会做出使自己感到吃惊的成绩来。

——马克·吐温

为什么我们每天都很努力，却仍然看不到希望？我们的忙碌是否只是一种假象？我们的忙碌能否真正让我们放心，我们在每晚临睡前是否感到充实？一天下来如果并没有觉得自己有所收获，那么眼前的付出又有什么意义呢？

"你只是看起来很努力"的状态是极为可怕的，它让你产生一种错觉，这种努力不仅没有带来内心的平和与满足，反而使我们的焦虑越演越烈。我们之所以会焦虑，无非是因为现在的自己和想象中的自己有距离，而在短期内无法解决或克服。打败焦虑最好的办法就是直面焦虑、解决焦虑。我们常常在夜深人静时辗转反侧，迷茫、焦虑不断袭来，让我们产生这种心理的，无非就是缺乏一个具体的、长期的目标而已。而现阶段的我们，因为种种原因，或遭遇短暂的失利，或缺乏执行力，与成功之间的距离似乎非常遥远。

> 我们习惯在老师讲完易错题后进行错题整理，但很多人的错题整理是将老师的板书工工整整地抄写一遍。毫无疑问，这种看起来的认真努力并不是真正的努力。因为缺乏反思和总结，没有思考自己的问题究竟出在哪里、怎么去改进，而只是做了让自己"假性"安心的工作。当我们选择这种"表演型"认真努力时，结果并不会陪着我们"演戏"，最终的结果自然不会是我们满意的。

叁 阐述

的确是这样，我们首先要坦诚地面对自己的缺点和不足，然后去想解决办法。我们一方面渴望更加优秀、体面，另一方面又刷着手机，盯着最新的热搜、深度好文，在刷了几个小时的屏幕，过完瘾之后，深感时间流逝之快，悔恨自己在这几个小时里一事无成。焦虑突然袭上心头，又在为自己的行为找了诸多借口。这还不是最可怕的，最可怕的是，我们身陷其中而不自知。

我们首先得敢于承认自己不够专注、努力，敢于去直面自己的焦虑和隐忧,当我们真正开始意识到自己是不够努力并开始努力时,你就打败了之前的不安。没有哪一步路是白走的,如果发现走错了,及时调整方向并规划新的航程就好,至少我们知道这条路它不适合我们。"悟已往之不谏,知来者之可追",一切及时的醒悟都是通向新生的开始。

我们经常立 flag,不久便纷纷打脸。那些在我们看起来很努力、很专注的举动其实只是给别人看的,有没有实质性的收获,我们心里自然有一杆秤。我们每天花时间记单词,甚至用打卡来监督、鞭策自己,打完卡一定要发朋友圈。可是一个月下来,等到要检验自己的成果时,能真正记住的单词没有几个。我们看似很专注,内心却极其浮躁。有些时候,你只是看起来很努力、很专注罢了。我们人都是社会性的动物,渴望得到他人的认可和尊重,这种心理一方面激励我们变得更好,另一方面当我们在处理更复杂的情形时,对他人夸奖和赞美的渴望会居于主导地位,为了得到他人的好评,我们甚至不惜弄虚作假,让自己看起来符合对方的期待。

很多时候,我们应该搞清楚,什么是努力,什么是专注?我们说"你只是看起来很努力、专注"并不是彻底否定你的专注,而是希望你能真正找到适合自己的节奏和方法。你以前早上 7 点起床,现在早上 6 点 50 分起床,这叫努力吗?你坚持了一周就无法坚持下去了,这叫努力吗?你以前边玩手机边写作业,现在写作业时就远离手机,这叫专注吗?显然,写作业时就不该玩手机,所以你现在认真独立完成作业,只是尽了一个学生的本分,做到了一个学生应该保持的学习习惯。我们所说的努力的参照是什么,是与自己作比较,还是和社会平均水平相比?这种努力是发自内心的实现自我的需求,还是只是想单纯打造一个"努力"的人设而摆拍的呢?没有任何规划的学习,没有产出的学习(当然也有人追求无功利的学习方式,这不在我们讨论的范畴),只是求一个心安理得罢了。

你只有非常努力才会看起来毫不费力。行动这件事,从来不需要等一个好天气、好状态,等到自己完全准备好,此时此刻就是好状态,此时此刻就适合开始。否则你就永远不会开始,而那些忙碌也会变得毫无价值和意义。很多的努力看似是在证明自己,其实不过是演给自己看,也演给别人看,自己实际上一无所获。所以,无须去证明自己很努力,去实践、去行动,意识到自己就是生命本身,除了各种体验和超越,人生本来也就不需要被别的东西所装饰。

曾经遇见一个正在读高中的小孩,周围的同学都很优秀,而这个孩子想要学习的欲望也很强烈,尽管有重重压力,他依旧选择迎难而上。他的数学学科比较薄弱,所以上课每一道数学题都认真听,听完把老师黑板上的笔记一字不落地抄在笔记本上,字迹清晰,红笔做的提醒批注也十分醒目,这样坚持了半学期,他的数学成绩依旧没有起色。尤其是在那些反复错又反复考的题型上,从他的试卷反馈来看,说明他掌握得并不好。老师也很好奇,纠错做得这样充分,怎么还会出现连连失误呢。

一番谈话了解下来才发现症结所在，原来是学习方法出现了问题。在课堂上每次老师讲题时，他都一副听懂的样子，课后却仍旧是似懂非懂，想要再去找老师答疑，却碍于面子不好意思迈出这一步，唯一的解决办法就是把解题过程认真抄写一遍。这样，不懂的知识点越积越多，最后就积重难返了。所以看似笔记记得认认真真，其实是未加思考的抄写，结果自然就不会太理想。付出了时间和精力，没有得到任何效果，家长和孩子也十分焦急。

最后，在跟老师沟通以后，在老师的建议下，孩子采取了这样的学习方式：上课认真听讲，弄清要考察的知识点，课下自己再独立做一遍这道题，如果发现还是有卡壳的地方，那就是他还没有彻底掌握的地方，也是他需要立即解决的漏洞。所以，纠错本既承担了一个积累错题的功能，形成自己的"状元笔记"，又是发挥了反思和检查自己知识体系的功用。果然，在这个方法的引导下，经过三个月的努力，他进步明显。所以，但凡专注、认真努力地付出过，不可能没有效果。

我们常说，努力的人并不可怕，可怕的是优秀的人比你更努力。那些看起来浑身散发着光芒的人，并不是一开始就是万丈荣光地站在舞台的中央。那些后来看似不费太大力气和没有多大挑战就能做到的事情，都是经过非常努力地付出，经过不断地练习，甚至是无数的挫折才达成的。只不过他们比我们更狠得下心去努力，在练习时更加专注，所以我们有时候松弛惯了，稍微努力一下都需要莫大的勇气和鼓励。

真正的努力不是比较谁被虐得更惨，不是比谁花的时间更多，而是找到适合自己的节奏，全身心地投入。人往往是贪心的，你既想要轻松，又想要获得夺目的成绩，鱼与熊掌怎么可能兼得呢？大学毕业的时候，你又在纠结，究竟是继续学习、深造，还是选择在工作、实践中提升自己的能力。其实不管做什么选择都不重要，在那一瞬间你做的任何决定都是对的，只要日后回想起来不要后悔就好。"我在努力"这句话不必说出口，"我正在努力"这句话说出口的时候，你也是心虚的。

沉迷于"我已经努力了"的幻象中确实会好受一些，让我们承受自己没有做任何有效的努力，实在是太残忍了。真正的努力，或许既不是自我感动式的身体消耗，更不是拖延症导致的临终爆发，它是对那些短期还无法获得回报的事情，一如既往地保持专注。

当然，我们今天面临的诱惑也越来越多，手机推送越来越精准，短视频软件通过大数据投放内容，似乎在帮助我们"节约"时间。娱乐至死的时代，大众的娱乐已经成为一场狂欢。娱乐成为一种生活习惯，很多人想要改变，却又无力改变。在大数据和大机器面前，我们的理性判断与独立思考被逐渐消磨。我们甚至错误地认为只要我在学，哪怕只是走马观花式地学习，也比不务正业强。

假努力是麻痹人的思想的毒药。时间永远不会为我们停下，能不能将注意力集中到要完成的目标上，把精力集中到对目标的具体思考中，这才是决定学习效果的关键。学习时间≠有效学习时间。我们建议采用沉浸式的深度学习，在学习的时候保持高度的专注。为了提升专注度，你需要注意周围的环境。准备干净整洁的书桌，转移可能影响你的注意力的物品，以免注意力被分散。最重要的也许是远离手机，它很容易蚕食我们仅存的理智，使我们甘愿沉迷其中，是的，我们必须承认大多数人的意志力都是薄弱的。在开始学习前，尽量不要看比较容易使人兴奋的视频，或者听容易使人兴奋的音乐。且不说会沉溺在手机中荒废了时间，这些视频和音乐也会让我们神经受到刺激，无法迅速冷静下来。我们甚至可以让时间可视化，通过使用沙漏、计时表，意识到时间的紧迫性，以此专注起来，提高我们的工作、学习效率，让我们的努力得到应有的回报。

高度的专注，是取得成功之人最宝贵的品质之一。要想取得一鸣惊人的成绩，专注力的提升是第一要务。做一个专注的学习者，专注的习惯会让人终身受益；形成了专注氛围的家庭，每一位家庭成员都获得了神奇的魔法，在人生任何情境下都能气定神闲，做好自己分内之事。让我们一起领悟专注的要诀，向着成功的美好愿景出发吧！

四、反思与修正使你少走弯路

> 反思是一面镜子，它能将我们的错误清清楚
> 楚地照出来，使我们有改正的机会。
>
> ——海涅

我们经历数不尽的失败和困难，才能换来一小步的成功和推进，这样的时刻总是让人振奋，并让我们有了继续坚持下去的理由。尽管这个过程十分煎熬、痛苦，但度过了艰难时刻，一切就会豁然开朗、柳暗花明。所以这个过程也是成长中收获最大的时刻，对我们来说成功固然重要，但更为重要的是反思我们解决问题的策略、心态，以及由此吸取的经验教训，为我们接下来的生活提供支持，让我们少走弯路。

首先我们应该学会复盘，回顾整个过程。有一项工作不可小觑，必须引起我们足够的重视，那就是总结那些未完成的工作并进行复盘，有意识地对这些事项进行分类和总结。哪

些是因为提前没能做好调研,中途因不可执行而夭折的,那么下次调研时就需要提高可信度和适配度,使自己的调研更具参考性;哪些是因为情绪、心态影响的,那么以后我们该如何有效管理自己的情绪;哪些是因为期待过高,目前因个人能力有限而影响项目推进的,那么在这个项目结束后,自己应该迅速做出规划,怎样利用空窗期去提高缺失的那部分的技能;哪些是因为自己安排不合理而冲突的,下次按照什么顺序安排工作,归纳时间管理法则。

这样总结下来,即使是失败,也被我们赋予了意义。并且可以采取以一周为单位,一周一周地总结,本周想明白的道理写下来,下周在工作中检查自己有没有提高。在日复一日的复盘中,我们的反思能力和分析能力都会有显著提高。有一些道理不一定是深思熟虑的结果,或许在一开始还略显稚嫩,但正是基于每周的反思和下一周的实践,我们开始慢慢成长。同时,自己罗列的经验,甚至有机会,可以向前辈们请教,在高手指点下,进步会更快。我们的总结不在于数量而在于质量,每次只需要记下对自己帮助最大的一条即可。一年有五十二周,那么至少五十多条经验,积累下来,也是自己成长中的宝贵财富。

 案例

有一位生物学家叫米歇尔逊,他在调查蚯蚓分布状况时发现美国东海岸有一种蚯蚓,而欧洲西海岸同纬度地区也有这种蚯蚓,可是美国西海岸却没有这种蚯蚓。米歇尔逊的研究引起了德国气象学家魏格纳的注意。此时,魏格纳正在研究大陆和海洋的起源问题。他认为蚯蚓活动能力有限,无法跨越大洋,它的这种分布可能说明欧洲大陆和美洲大陆本来是连在一起的,后来才分开。于是他把蚯蚓的地理分布作为例证放入了自己的研究中。

三 阐述

魏格纳正是借助别人的成果,反思自己的研究,最终从中获得灵感,这充分说明学会反思和总结,从诸多信息中获取它们之间的联系是多么重要。

很多学生基于自己的学习经验都会准备一本错题本。错题本的意义就在于观照自己的漏洞,及时去解决漏洞。为什么需要错题本?因为人的记忆有遗忘的天性,需要不断去巩固复习,错题本就是将我们的漏洞和经验提示记录下来,帮助我们记忆。

很多学生整理错题时,将自己做错的题目无差别摘录到自己的错题本中,这样的整理一般意义不大。且不说多浪费时间,机械抄写的工作缺乏反思,本质上就是重复劳动。我们可以做的就是先分析错题对应的知识点,按照错误类型分类整理,它属于哪个知识体系之下,错误类型是什么,究竟是自己考试心态不稳做错，还是基础不扎实，还是题目本身难度就比较高等。

所以，错题本的整理有时并不需要详细的解答过程，自己只是哪一步没理解清楚，可以仅用红笔记下这一步，或者我们可以按照模块整理。这样的整理有助于我们构建学科知识体系，反思同类型题目，避免重复犯错。虽然在初始阶段，花费时间较多，但是学生的思考变深刻了，对错题知识点的理解更加透彻了，学会这一道题就解决了这一类问题，其实是大大提高了效率。而下次翻阅错题本的时候，如果只看那一步还是看不懂，就再次验证了这道题我们没有真正弄懂，这个知识点就需要我们高度重视。订正错题时也需要书写策略，答案和反思可以写在右侧，题目写在左侧，自己复习时，可以用手遮蔽右侧，看到左边题目进行回想，如果答案和题目一目了然，容易对自己造成干扰。而只是想想还是不够，还要落到笔头工作，写一写算一算，你会发现，有思路不一定能够写对，完整地再写一遍解答过程，如果一气呵成，那就是真正掌握了，如果没有，那就是还有问题，还需要自查。这样的过程麻烦吗？辛苦吗？当然。可倘若这个难点、易错点被你解决、攻破，那种感觉也实在太美好了。不能从错误中汲取经验教训，人就无法获得进步。这种经验同样可以迁移到生活中去。

其次，我们应该学会评估结果。对照我们最初的目标，确认现在的结果与目标是否一致，比较目标和结果之间的差异。如果不一致，就分析原因，这个过程一定需要我们对自己诚实。目标是你想要做的事情,而结果是你真正做到的事情。所谓的评估结果,就是将这二者进行比较,从中分析二者的差异,这些差异就是我们应该分析并反思的点。

有时会出现这种情况:最终结果达成与目标一致。不过,从目标到结果是一个过程,有很长的路要走,这个过程跟自己的预设是否完全一致,也需要细细反思。推进过程中是不是跟设想的一样,如果是不一样,那么不一样在什么地方。找到差异,就去分析原因。

一般来说,从主观和客观两个方面来考虑。主观原因是自己考虑不周、能力欠缺还是预期太过于乐观;客观原因是否是方案本身难度就比较大,现阶段超出了我们的能力范围。继而我们可以继续思考,自己当时的临时应变能力是否具备,有没有其他人的协助,他人在帮助我们时采取了哪些措施,我为什么没有想到,有哪些是我可以借鉴的。借鉴也是一种学习。我们不断反思就是将别人的优点变成一块块砖头,然后搭建自己的思想殿堂。如果是自己独立完成的,并且结果与预期保持一致,那么当时思考问题的模式是否具有推广价值,对今后解决问题是否具有指导意义,有没有明显需要调整、完善的地方。这个过程有没有哪些意外状况发生,哪些是不可控的,我们当时有没有具体的解决方案,哪些是之前没考虑过的突发事件。

有些情况下,最终的结果虽然与目标一致,但过程与最初设想有较大出入,需要我们格外警惕,切不可沉醉于胜利之中。否则，这次的隐患就有可能在下一个项目中降临。解决方案我们当时只选择了一个，但不能只有一个，除了我们选的那个方案，有没有其他的可能性。我们应当把握关键，针对方案进行中一些关键细节的发生进行分析，找到根本原因。谦虚的态度、实事求是的原则都十分重要，我们的复盘一定是客观公正的分析，是建立在关键原因的分析之上的，并且要重新找出解决方案。这样怀着"雁过拔毛"的心态去细细揣摩、反思，一定会有意想不到的收获。很多时候不必非得自己撞得头破血流，别人已经流过血、受过伤，自己明明可以不用再经历这些，又何必自讨苦吃呢？

总结经验，为未来提供借鉴。荀子曾说过："君子博学而日参省乎己，则知明而行无过矣。"总结经验的过程，就是把丰富的实践上升到理论层面，对问题发生的具体情境加以分析和反思，用以指导将来的实践。这不仅是对思维的训练，还将使我们更加清楚，以后遇到类似的情况，我们是否有足够应对的方法。我们在总结经验和规律时，不可轻易下结论，宁可慢一点、稳妥一点，只要这经验是可靠的、真实的、客观的。

屡战屡败，屡败屡战，真正的强者不一定是成功者，但一定是那些经历了失败仍旧一往直前的人。正如罗曼·罗兰所说："真正的英雄，是那些看清了生活的真相却依然热爱生活的人。"比如我们在一次阶段测试中发挥可能不太理想，于是自怨自艾、闷闷不乐。我们可能会担负较大的心理压力，甚至会怀疑自己，有这些心理都很正常。

如果我们已经尽力了,仍旧是这样的分数,那么我们也可以问心无愧了。如果我们没有尽力,那么问题出在哪里,这就需要我们冷静下来,理性分析了。我们是否已经做好充分地预习,我们做错的部分究竟是没有彻底掌握还是因为粗心而偶然犯错。读书时任何一次考试都不可能是人生最后一次考试,我们以后甚至没有卷面考试,而我们却需要将平时学习习得的解决问题的思维逻辑运用到今后的生活中。所以我们的学习态度是否端正、学习习惯和学习方法是否科学,都将决定接下来的每一次考试。这次的考试已经成为现实,那么我们就应该正视它、直面它,并制订可行的计划,确定一个适合自己的短期目标和长期目标,梳理归纳,查漏补缺,各个击破,在实践中不断改进并优化学习经验、总结规律,甚至可以将一些规律性的东西固定下来、记录下来,不断回望过去,用过去的经验提醒自己,并开启新的历程。

　　找不到一个坚持下去的理由,那就找一个重新开始的理由。明确目标,找准方向,坚持下去,有困难及时解决,完成后多反思、总结,这样的心态和处理问题的方法,一定可以让我们推进得更扎实,让我们更加接近成功。

第三篇

勤奋是迈向成功的台阶

一、用勤奋打下生命的底色

天道酬勤、勤能补拙；

黎明即起，醒后勿沾恋。

——曾国藩

中国自古以来就有倡导克己复礼、修身齐家、艰苦奋斗的优良传统。从生产力的角度看，在古代中国，由于农耕文明的发达，导致在唐宋之后中国适合耕种的耕地几乎已经全部开垦，明清时期是精耕细作的深入发展期，主要是为适应人口激增、人地矛盾突出的情况，土地利用的广度和深度达到了一个新的水平，人们通过防水、除草、施肥等措施来增加单位产量[1]，这就导致了古代中国成为一个组成人口绝大多数是农民的传统农业社会。由于需要养活不断增长的人口，农民愈发

---

① 吴存浩.中国农业史[M].北京：警官教育出版社，1996.

勤奋地耕种来弥补单位面积粮食产量的不足,这就是农业生产历史上的内卷。农业生产的勤奋,塑造了中国人勤奋的品质,这种品质不仅体现在种地上,同时也体现在勤奋读书上。读书,是中国古代学子主要的阶层上升通道,许多学子一生都在赶考的道路上奔走。我们在学生时代都背诵过许多勤奋读书的名言,如"书山有路勤为径,学海无涯苦作舟"等,这些名言大多成为我们的座右铭。由于在农业生产和科举道路上的成功者往往都是勤奋的人,故而倘若某人被评价为很懒,那他便很难获得周围人的尊重,世人也不会对其取得事业上的成就抱有期待。所以历史文化上的影响使得勤奋被奉为中华民族的一项传统美德,是每个人必须具备和遵守的工作道德与做事原则。

在中国乃至全世界都遇到经济、科技等方面发展瓶颈的当下,许多年轻人在竞争压力下主动"躺倒",不再努力,也就是我们所说的躺平。此时,再教育孩子勤奋努力,还有怎样的现实意义?为了回答这个问题,我们通过透视勤奋的内涵并结合现实的事例来寻求答案。

 案例

> 曾国藩被称为古今第一完人。据传,他小时候天赋并不高,甚至可以说比较笨,学习起来非常吃力。一天晚上,他在家里读书,有一篇文章他重复读了很多遍,可就是背

不下来。他就一遍一遍地读，一遍一遍地背，夜已经很深了，他仍然没有背下来，这可急坏了潜伏在他书房的屋檐下，想等他读完书睡觉之后再进屋行窃的贼。可是，贼人在屋外等啊等，就是不见曾国藩睡觉，最终贼人实在等不下去了，就十分生气地跳进屋子，对曾国藩说："就你这么笨还读什么书？我听几遍都会背了！"于是贼人将那篇文章从头到尾地背诵了一遍，然后扬长而去。曾国藩虽然比贼笨，但他后来凭借勤奋，参加长沙府童子试名列第七名，并最终一路考到了进士。他以自身经历悟出了天下"最败人"两个字是"傲"与"惰"。当时，天下纷乱，清王朝处于风雨飘摇之中，他认为只有先聚拢人心才能重振雄风，便将自己树立为勤奋的典范，他以勤治军，以勤治家，更以勤修身，一生的成就都基本上建立在"勤"字上。如何修炼"勤"功？曾国藩只以四字作答——一曰早起，二曰有恒。这便是他在自己的家训中提到的"黎明即起，醒后勿沾恋"。

三 阐述

没有人可以只依靠天分取得成功，只有勤奋能将天分变为天才。一切人类的优良品质的发扬光大（如从聪慧变为智慧、从体质强壮变为孔武有力），都需要勤奋，勤奋是人们将自己升级换代的必备条件，只有经过不断地勤奋训练，才能将自身的潜力充分挖掘出来，并取得成功，这就是所谓"天道酬勤"。正如故事中比贼笨的曾国藩,虽然小时候天分一般,甚至缺少慧根,但他依靠勤奋努力也能成就一番大业,这就是所谓"勤能补拙"。反之,一个人倘若以自身天分高自居,不勤奋学习,仅凭一时的小聪明,最终难逃伤仲永那种江郎才尽的命运。

现实生活中,许多人都将自己的失败归结为天赋的欠缺,却不曾想,以他们的勤奋程度,根本没有达到需要比拼天赋的地步。有些人虽然从事简单的工作,但态度不认真,工作懒散,经常犯低级的错误,这都是不够勤奋所致。这些简单的只需勤奋努力就能做好的工作,还需要比拼什么天赋呢?举个大家在学生时代都经历过或看到过的例子,许多后进学生抱怨自己成绩不好是因为题太难太偏,导致自己做不出来。但是实际上,每次考试的难度都差不多,只有很少的题是难题,大部分的题只要平时肯用功、认真听课、及时复习都能答对,所以,那些考差的学生并不是差在天分和聪慧上,而是差在缺少勤奋上,由于平时没有勤奋读书,导致他们连中等的甚至简单的题都做不出。

曾国藩提到"勤"功的第二点"有恒",就是将勤奋变为一种习惯,只有培养一种严格自律的习惯,才能使自己在学习和工作中始终保持勤奋。在日常学习中,勤奋自律的孩子会自觉地为自己订立学习目标,并通过不懈地勤奋努力实现这个目标,在成功中收获幸福和喜悦,并从此更加勤奋努力,再收获成功与喜悦,最终形成一个良好的勤奋——成功——勤奋——成功的循环。

那么如何培养孩子勤奋的良好习惯呢？这需要家长带头做孩子的正面榜样。有些家长认为，教育完全是学校和老师的事，把自己对孩子教育的责任推得一干二净，这是非常错误的想法。常言道，父母是孩子的第一任老师，孩子的思想、观念及生活习惯几乎都源于家庭教育，可以说家庭教育对孩子的人生几乎起着决定性作用，这就是人们重视"家教"的原因。所以在外面遇到"熊孩子"行为习惯不好，周围人只会埋怨其家教不好，或者说"父母怎么不管管"，而不会想到去埋怨孩子的老师。试想，一个刚懂事的孩子，他的父母自身有懒散的不良习惯，长此以往肯定会把懒散的习惯传给孩子。孩子也会学习家长去潇洒去玩乐，他本身所具有的好奇心和求知欲也慢慢被无意义的娱乐所占据。如果家长迷恋在手机上玩游戏，孩子也会把可以用来开阔视野、查询知识的手机变为游戏机，沉迷其中，自己把自己送上了廉价娱乐构成的"奴役之路"，那便是典型的教育失败。所以高明的家长一定会陪伴孩子一起学习，孩子做作业时，父母也读书看报学习，时不时和孩子分享自己的学习心得体会，并且引导孩子利用互联网拓宽自己的知识面，如此潜移默化便能培养好孩子勤奋自律的习惯。

勤奋和付出相连，现在，有的父母害怕孩子吃苦，对孩子充满溺爱的心理。其实，父母看到孩子劳累产生爱怜之心属人之常情，但治学、修身都需要有勤奋吃苦的精神。在保证孩子健康成长和发育需要的基础上，也需要家长对孩子"狠心"一点。这种狠心，说白了就是要督促孩子勤奋自律。严格要求孩子，不光是要在学业上，更是在生活中，尤其是涉及原则性的问题时。

案例中，晚清名臣曾国藩的一番话，值得我们借鉴。我们要在家庭中培养勤奋的家风，最好是从培养全家早起的习惯做起，不管是否是休息日，全家的大人小孩在清晨规定的时间一起起床，持之以恒地进行早锻炼和早读，自己用健康的食材烹饪早餐，这样，不管是身体还是心灵都能得到良好的净化，新的一天从开始就活力满满，不会陷入精神萎靡的陷阱里去。可以说，坚持早起是最容易实现的，是勤奋的开始，以此为基础，慢慢积累家庭的正能量，在不远的将来终会量变引发质变，引导整个家庭走向正确的坦途。

"天道酬勤"，对于勤奋的人，上天一定会给予回报，一定会在未来的学习和工作中取得成功。"勤能补拙"，勤奋能够弥补我们天分的不足，能够使我们在成长的道路上通过自身的努力，同样能够享受成功的快乐。所以，让我们在孩子的生命中打下勤奋的底色。

二、用勤奋照亮梦想

一个人至少拥有一个梦想，有一个理由去坚强。心若没有栖息的地方，到哪里都是在流浪。

——三毛

雄鹰能搏击蓝天，是因为它不懈地展翅飞翔。大海能掀起巨浪，是因为它永不停息地奔向远方。我们每个人的心里都有一个梦想，我的生命也因为有了梦想而丰满，梦想因为有了不断地付诸行动而更加精彩。当一个人有了梦想，他便有了勤奋努力、勇往直前的动力。人的基本生活态度有两种，那就是勤奋与懒惰。人的一生，到底是勤奋还是懒惰，终究由自己决定。但是大家都知道，勤奋地工作与打拼，不仅是一种积极的生活态度，也是获得成功的必由之路。勤奋，既是一种态度，也是一种能力。很多人内心是想勤奋的，但他无法把它转化为一种能力，因而只能使之停留在意念中。奥运会历史上最伟大的女子短跑运动员之一威尔玛·鲁道夫,第一个在同一届奥运会上获得三枚田径金牌的辉煌的成绩让世人感叹,可是她曾经被医生判定为终身残疾,一只脚需要靠着铁架矫正鞋才能勉强行走。但是,年幼的威尔玛有个梦想,她要成为最优秀的田径运动员,她的这个梦想激励着她不顾别人的嘲讽,日复一日年复一年地坚持训练,她始终勤奋地为实现这个目标努力,终于创造了奇迹。所以,理想加上勤奋,一定会创造不一样的人生,这样的人生一定飞得更高,飞得更远。

案例

在高会军的档案学历栏中,中专、自考本科、研究生、博士齐全,唯有全日制本科教育一格中是空白,但他却是哈工大职称晋升名册中唯一由讲师晋升为教授的人,同时,他也是哈工大最年轻的博士生导师,他甚至入选了欧洲科学院院士。由自考本科毕业到博士生导师、欧洲科学院院士,如此华丽转身的背后,支撑他的是超乎寻常的勤奋、坚守和最初的梦想。

由于家庭条件的局限,高会军没有念过高中。1991年,他15岁,考入陕西第一工业学校读中专。"当时的目的很简单,就是毕业后马上可以工作,为贫困的家庭减轻经济负担。"高会军说。然而,在他的内心深处,似乎还有另外一个目标或者说是梦想在心底萌动,虽说是草根出身，但他从来相信，自己总能做出点更好的事情。于是，他全身心地投入学习，成绩一直全班第一，在中专二年级时，他便开始专科的自学考试，熬夜和早起成了家常便饭，他读别人用过的旧资料，从来不知疲倦，在中专毕业时，专科的 13 门课程考试也全部顺利通过。

中专毕业后，高会军找到了一份工作，虽然作息时间不规律，条件艰苦，但他仍没有放弃勤奋学习，没有忘掉自己的梦想和初心。他决定自考本科，利用业余时间来学习。在机床边，他一边工作一边读书，夜里看书时经常不知不觉地睡着了，但醒了之后又接着读书。那些沾满了机油的书本印证了高会军那段刻苦的备考岁月。"记得为了节省车费、骑着自行车风雨无阻地在古城西安往返于单位、报名点和考场。记得那时的生活常常是入不敷出，常常需要借钱买资料、交报名费。还清晰地记得遇到难题、彻夜难眠又无人请教的那种痛苦与无助，多少次想放弃却又咬着牙坚持下来。……"说起那段岁月，他的声音颤抖略有哽咽。就这样，在两年的时间里，自学考试本科的 15 门课程他全部一次性通过，拿到了本科毕业证书。他在科研道路上一路追求卓越，最终，成为博士和教授，实现了自己的人生梦想。

如同威尔玛一样，高会军通过自己的勤奋与坚持建造起了自己梦想中的学术城堡。因此，人只要有了梦想，就有了通往梦想的动力，有了勤奋与坚持，就能建立起属于自己的城堡。

高会军一开始提升自己学历的想法相当单纯，带有农民通过努力改善生活的质朴想法，他只是想为贫困的家庭减轻经济负担，并没有那种改变世界的宏大理想。高会军最初勤奋努力的梦想如此卑微和渺小，但正是这个朴素的"为贫困的家庭减轻经济负担"的梦想，使他在艰难的求学道路上勤奋努力，吃了常人难以想象的苦，走了常人难以想象的路，最终学有所成。

高会军在取得每一个阶段性成果后，没有止步不前，而是再接再厉，他没有躺在功劳簿上坐吃山空，而是挖掘内心的理想作为勤奋动力。他的信念就是力争把研究工作做到最好。最后，哈工大优越的科研条件和研究氛围，为他提供了施展才华的空间，所以他能把理论研究的成果更好地应用到实际中去，为国家航天事业贡献出自己的力量。

我们从他的事例中可以发现，高会军的梦想既是不变的，又是不断变化的，他让自己的梦想逐渐变大，从一个小梦想慢慢变成一个大梦想，而这个变大的过程，就是勤奋和坚持在起决定性的作用。在实现梦想的过程中，他的视野更加宽广，他慢慢向更高的生活需求维度靠拢,最终与我国航天事业的发展绑定在一起。

所以,孩子的成长需要梦想,追求梦想才能激活他们身上的勤奋因子,家长帮助他们使梦想逐渐变大,最终将个人的价值投射到一个更高的维度,最终与祖国发展、人类命运、宇宙探索、科学发展等结合在一起。

这个道理大家都懂,但是落实到行动上需要付出。所以我们需要向内挖掘,在孩子内心隐秘的地方找到他们的兴趣爱好,帮助他们找到自己梦想。俗话说得好,兴趣是最好的老师,人在自己感兴趣的领域勤奋努力,往往事半功倍,容易取得耀眼的成就。巴菲特说,六十年来,他每天都跳着踢踏舞去上班[①],正是因为他如此热爱投资,把投资工作当成自己的终身爱好,把赚钱作为自己最大的乐趣才能获得长久的高额回报,位列福布斯富豪排行榜,被人们称之为"股神"。

在对孩子的教育过程中,家长还需要注重方式方法,细致耐心地向孩子讲述在自己追求梦想的道路上勤奋努力的感受,不能一味地灌输自己的价值观和人生观,不能采用空洞地说教,或干巴巴地叮嘱孩子要好好读书,这样做反而容易引发孩子的逆反心理,有时家长的观点虽然正确,也可能适得其反。所以正确的勤奋教育应当注意方式方法,最好能在潜移默化中培养孩子对于世界的好奇心,养成积极健康、热爱学

---

① 卡萝尔·卢米斯. 跳着踢踏舞去上班[M]. 张敏,译. 北京:北京联合出版公司,2017.

习,有探索精神的兴趣和爱好,逐步建立勤奋的学习习惯。如果孩子还小,可以多去益智类的景点进行亲子活动,如果孩子比较大了,那可以多和他分享自身勤奋努力的故事,分享自己人生经历和工作轶事,让他对人生现实多一份了解,从而让他对自己梦想的确定更加理智且有信心。只有当孩子有梦想且有丰富的内心世界,有坚定的人生信念,才会在变幻莫测的世事中保持勤奋的动力,实现美好的梦想。因此,在家庭教育中,家长要珍惜孩子心中萌发的梦想,引发他们勤奋的动力,帮助他们保持追求的精神势头,陪伴他们一步步走近梦想,走向成功。

勤奋是人生中最不能放弃的东西,它是我们打开成功大门的金钥匙,我们必须用勤奋和坚持照亮梦想!

三、勤奋和坚持是走向成功的推进器

既然我已经踏上这条道路，那么，任何东西都不应妨碍我沿着这条路走下去。

——康德

勤奋，就是珍惜时间，勤于学习，勤于思考，勤于探索，勤于实践，它是一种美德。古今中外，凡是有建树的人，无不用辛勤的汗水写着一个闪光的大字——"勤"。勤奋的人自信且充实，生活充满阳光，即使忙碌，也感觉身心轻松。懒惰的人只能空虚嗟叹，心中没有目标，碌碌无为，不知所终。现代科学技术虽然高度发达，但尚不能延长一天的时间长度，不过我们可以拓宽人生的宽度，而宽度是否增加，就取决于在同等的时间里是否做了更多有价值和有意义的事情，这就需要我们持之以恒地勤奋工作。法国有一位名叫薛瓦勒的乡村邮差，他每天徒步奔走在乡村之间，每天都走过崎岖的山路，而且每次走过都要捡上一些光滑的石头，心里默念着要用这些美丽的石头建造一座属于自己的城堡。三十多年的时间里，他坚持不懈，日复一日、年复一年地不停寻找石头、运输石头、堆积石头。乡村里的人们都觉得他做的是不可能完成的事。但最后，他通过自己的勤奋和坚持，终于建成了法国著名的城堡——邮差薛瓦勒之理想宫，这座城堡证明了梦想需要勤奋和坚持来实现。没错，当我们有了梦想，有了勤奋，谁也阻挡不了我们通向梦想城堡的脚步。

坚持，不光能保持勤奋，也能守住奋斗的初心和信念。康德曾在早期的一本著作中就写道："既然我已经踏上这条道路，那么，任何东西都不应妨碍我沿着这条路走下去。"①作为哲学家，他对自己的理论有一种坚持和信念，在自己的哲学道路上不断勤奋前进，为人类的哲学领域加上了一块块基石，最终开辟了属于自己的哲学流派，并在逻辑学、自然科学等各领域都有所建树。

那怎样才能坚持我们为之勤奋奋斗的信念呢？我认为这就需要我们和康德一样建立足够强大的内心防线，在人迹罕至的奋斗道路上前进，忍得住勤奋道路上的寂寞，不羡慕他人的热闹，坚守自己的勤奋，对周遭的一切杂音自动屏蔽，做好自己的事，正可谓"驿亭幽绝堪垂钓，岩石虚明可读书"。

---

① 康德.康德著作全集：第1卷[M].北京：中国人民大学出版社，2003.

案例

　　《国榷》的作者谈迁（1594—1658），原名以训，字仲木，后改名为迁，浙江海宁人。他自幼刻苦好学，特别喜欢历史，由于家境贫苦，只得靠替人抄写、代笔来维持生活。明天启元年，当时谈迁二十八岁，因母亲亡故，守孝在家，读了不少明代史书，觉得其中错漏甚多，便立下宏愿，自己编一部真实可信的明史。于是，他以明朝实录为主，参考一百多种明代史书以及当时的政府公报（邸报），开始编纂明史。

　　他到处访书借抄，充实资料。五年后，谈迁终于写出了初稿。此间，有朝廷官员推荐他出仕，都被他推辞了。清顺治四年，历经二十六年，谈迁终于完成了四百多万字的明朝编年史《国榷》。

　　可正当谈迁张罗着要出版《国榷》时，一件意想不到的事发生了。这年八月的晚上，小偷溜进了谈迁的家里，本想偷一些值钱的东西，可什么也找不到，只看到一个锁着的篾竹箱。小偷以为装的是值钱东西，于是就偷了去。哪知里面正是《国榷》的手稿！从此，这部珍贵的书稿下落不明。

　　面对突如其来的打击，谈迁是坚强的，痛苦过后，他重新调整心态，从零开始，继续坚持写作。他以《明实录》为基础，还找来不同的版本作参考。在谈迁的坚持下，九年后《国榷》终于重新诞生。

《国榷》大功告成，谈迁百感交集，赋诗一首：

往业倾颓尽，艰难涕泪余。

残编催白发，犹事数行书。

三 阐述

谈迁的故事令人感动，《国榷》本来可以在五十四岁那年终结的，但小偷窃走了他二十多年的心血，这让谈迁深受打击。如果是一般人也许就放弃了，但谈迁并没有向命运低头，他重新站了起来，发愤图强，秉笔直书，决心要保存一段历史。他坚持利用业余时间收集材料、寻书访人、探寻遗迹，采访在京的明朝降臣、皇亲、宦官和公侯等，就连崇祯邸报也借到手，核对书稿的第一手资料。他不断地对《国榷》进行修订、增删，终于完成了写作。这种坚持不懈的精神是非常可贵的。谈迁的理想差点熄灭在一个窃贼的手里，可正是由于他的坚持，才使我们能够读到这本重要的史学著作。

我国宋代学者朱熹也讲过这样一个故事：宋朝时福州有一个叫陈正之的人，外号"陈傻子"，他一篇小文章也要读很多遍才能读熟。但他不懒不怠，勤学苦练，别人读一遍，他就读三遍、四遍，天长日久，持之以恒，知识与日俱增，后来终于"无书不读",成了一个博学之士。这个故事说明,即使有些人天资比较差、反应比较迟钝,只要他勤奋好学且坚持不断,同样也能够弃拙为巧、变拙为灵的。

成功是指人通过有意识的努力达到了预期的目标。很多人认为,只有那些做出巨大贡献,创造了巨大价值的人,才算是成功者。我们认为,成功是一系列的努力与进步:只要因为你,周遭的人与事都变得更美好;只要因为你,周围的环境都变得更好;只要因为你的坚持,你每天都有成长和进步,这样,你已经获得了成功。从这个意义上说,你每一天的坚持,就是一个小的成功,就是向既定的目标更往前一步。所以,成功不单是指一种结果,更应该是一个过程、一种进步。

作为家长,我们应该看到,孩子在达到预期目标的过程中,他所做出的努力,包括行为习惯的改变,良好习惯的养成,克服了学习中的一个困难,挫折中的坚持,持续努力学习等,任何一小点的进步,只要是好的进步都是成功。我们要让孩子懂得,成功并不是你得到了什么,不仅是获得财富,不仅是获得名利,你每一天的坚持也是一个小小的成功。那些大的成功就是由这些无数小成功聚集而成的。谈迁的成功就在于他不放弃,哪怕是遭受书稿尽失的重大打击,他依然能够坚守初心,从头再来。他访书抄书,拒绝出仕,都是坚持的表现,就是因为这样的坚持,才能使《国榷》得以重新完成。这个成功是他日积月累的结果。

成功是美好的,所以,人人都渴望成功。人人都具备成功的天赋,都具有极大的创造力,只有当我们调动人的巨大创造力,成为主动追求成功者,我们才能取得成功。因此,只要把自己持续推向未来,人人都可能成功。

请记住:坚持是走向成功的推进器。

四、"标靶"使勤奋有正确的方向

盲目的勤奋也是美德吗？

——尼采

勤奋是成功者的通行证。我们向往着成功，就要对生活充满着热爱，对工作充满着热情。我们点点滴滴的努力，风风雨雨的拼搏，都会在我们人生的履历上留下浓墨重彩的一笔。

但是我们要当心的是，有一种盲目的勤奋，表面是勤奋，实际是无效甚至反向的勤奋。

学习勤奋，一直都代表着刻苦、努力、正能量；但很多学生勤奋的背后，掩盖着盲目的本质。尼采曾有个提问发人深省："盲目的勤奋也是美德吗？"相信在大家的学生时代身边都遇到过一些貌似勤奋，笔记记得很好、作业很认真完成、上课似乎很认真和老师互动的学生，成绩却一塌糊涂，这究竟是怎么回事呢？往往他本人也十分迷茫不解，自觉努力没有获得回报。我相信你在阅读完这节后能对这种"勤奋"识别得更清楚,避免堕入无效努力的陷阱;作为家长,也能够有足够智慧教会孩子怎样真正地学习。

案例

十几年前的某高中学校,那时高二就分文理班。有位同学学习特别认真勤奋,几乎每个学科的授课老师都把他作为好学生的典型。到了高三冲刺的时候,他每天都是早上 4 点钟就起来背英语单词,晚上做习题做到凌晨,每天只睡几个小时,整个人都因为睡眠不足而导致脸色惨白,形销骨立。

每当周末或者放假的时候,其他同学叫他一起去逛街舒缓一下紧张的神经,他总说:"不去了,过几天就是摸底考了,我得好好复习准备一下。"课间休息的时候,他也很少离开座位和其他同学一样去休息休息眼睛,放松放松心情。然而,他的成绩并不好,总分基本在班级后十名里徘徊。他的文科成绩很好,理科成绩很差,但为了实现做一名科学家的梦想,他选择了理科班。

那么成绩不理想原因到底是什么呢? 一个如此勤奋学习的学生,怎么成绩就不行呢? 以前,大家一直以为是他脑子笨、智商问题,后来,老师说他选科出了问题,他应该选文科。

有一次考试结束，老师看到他在做物理题，便问他："你为什么不选读文科呢？"

他非常认真地说："不行啊，我从小就立志做一名天文学家，将来探索宇宙的奥秘。"

"你知道吗？你的思维偏向于文科。"

他扶了一下鼻梁上的眼镜，疲惫地说："我就勤奋些，弥补理科思维的不足。"

这位同学并没有理会老师的建议，仍旧坚持读理科。最终，高考折戟，他只上了一所并不太好的专科学校。

这样的人，够拼搏，也够勤奋，却总是无法取得成功。

 阐述

每个人都应该正确地认识自己，了解自己的擅长之处。有的学生偏向于理科思维，有的学生偏向于形象思维，我们要根据自己的情况对自己将来的学习目标进行调整，案例中的同学儿时有做一名天文学家的梦想，那是对自己不了解，是一时的冲动。进入高中阶段，人已经成年，应该要正确地选择人生努力的方向。

《战国策》中讲了一个"南辕北辙"的故事。说的是一个人正驾着他的马车想要去楚国，但他却往北边疾驰，别人纠正他的时候，他还一脸自得说，没关系，我的马跑得快，我的马夫善于驾车。殊不知，他的马跑得越快，他就离目的地楚国越远，朝着错误的方向奔跑，天寒地冻，路遥马亡，虽然很辛苦却永远也到不了想要到达的地方。这个故事深刻地告诉我们，当努力的方向错了，努力只是背道而驰，越努力离目标越远。

因此，方向比努力更重要，只有正确的方向才会让你的努力更精准、更有价值、更容易达成目标。懂得把握战略方向的人，才能把握成功的脉搏，反之，就是重复劳动，浪费生命。勤奋很重要，勤奋本身也没有错，但如果在勤奋之前，连清晰明确的方向都没有，只会让你陷入越勤奋越迷茫、越努力越疲惫的困境。因为你连努力要去往的方向、要达成的目标都错了，你所有的努力都是盲目的，你只是在努力徒劳地感动你自己。案例中的这位同学就是如此，他确定了一个不适合自己的方向目标，还不听从老师的指导，坚守儿时不切实际的梦想，高考自然考不出好成绩。对这位同学来说，最重要的不是继续学习他不擅长的理科，一条路走到黑，而是要学会适时转身，改学文科，及时调整好人生的方向，这样才能焕发新生。方向对了，只要勤奋总会成功；方向错了，再勤奋、走得再远，也只是徒劳无功。

美国经济学家哈伯特·西蒙说过："对于一艘盲目航行的船来说，所有的风都是逆风。"这句话告诫我们，无论做什么事，努力行动之前，都要先确定好自己的方向，制定好清晰明确的方向，这样，才能使我们的辛苦努力更有效、更快速、更精准抵达我们的人生目标。

电影《银河补习班》里有句经典台词：

"人生就像射箭，梦想就像箭靶子，如果连箭靶子也找不到的话，你每天拉弓有什么意义？"

我们都记得柯达胶卷，在摄影领域，柯达曾经是胶卷行业的霸主，它雄霸了一个多世纪。在 2000 年的时候，柯达的利润就达到了 143 亿美元，相当于 2001 年佳能数码相机利润的 10 倍。但随着数码时代的来临，柯达公司却因一次又一次做出了错误的转型方向，最后一路败退，不得不于 2012 年提交了破产保护申请，这个曾经领跑摄影行业一个多世纪的柯达巨头就这样倒下了。

柯达作为摄影行业的奠基者，我们不能说它不够努力，但是，它在发展的道路上选错了方向，走错了路，最终落得一败涂地，不可谓不令人叹息。

现实生活中，决定人和人之间差距的，不是努力的程度，而是他选择的方向是否正确，有时候，做正确的事比勤奋地做事更重要。

因此，努力很重要，但在努力之前，先花点时间选择好方向，确定清晰明确的目标，找到那个"箭靶子"比努力本身更重要，别让你的努力，都是在错误上用力。

默记在心：目标，即目＋标。目，指眼睛；标，指标靶。意思是：用看得见的标靶，引导我们的行动。因此，我们要用标靶引导我们的勤奋。

第四篇

细节决定成败

一、时刻关注细节

细节决定成败。

——罗曼·文森特·皮尔

在我们的生活与学习中，细节的重要性不言而喻。

史家追叙真人实事，需要通过细节来还原历史情境；诗人描绘细节，于生活的细微处挖掘真章。爱尔兰诗人希尼的《玩耍的方式》一诗之所以动人，不在于其立意的高屋建瓴，而在于他对生活细节的把握。他从日常生活里挖掘诗意，在他的笔下，阳光是具有动感的，音乐是充满激情而勇敢的，就连普普通通的粉笔灰，都是"回忆与欲望"的象征。在他的笔下，一节我们司空见惯的课堂教学也颇具意趣：他看到学生的生命力，看到了教育的陶冶作用，看到了一个国家的希望与未来。正是对细节的捕捉与描绘，让他从平凡中见到不凡。细节营造氛围，构筑真实。正如《写出我心》的作者娜塔莉·戈德堡所说的,一切事物都平凡而又不凡,而捕捉与否,则看个人的心灵是开放还是闭塞。

小小的细节,可以赋予平凡的日常生活以生命,也可以引发巨大的灾难。正如那句谚语所说的:"千里之堤,溃于蚁穴。"事实上,一切伟大事物的腐坏与崩溃,也就隐藏在细节中。辉煌的罗马城不是一天建立起来的,也不是一天就彻底衰亡的。一次次腐化、一次次得过且过、一次次向深渊的试探,就是一个个小小的蚂蚁窝。一开始,你并不觉得它能对你构成什么威胁,但久而久之,摩天大厦都会被腐败侵蚀。

因此,刘备才以"勿以善小而不为,勿以恶小而为之"一语警诫其子。正如契诃夫所说的,生活里并不处处都是开枪自杀、谈情说爱,在大多时候,人们只是在吃饭而已。仅仅在吃饭的时候,他们的幸福就降临了,或者,他们的生活就被摧毁了。生活宛如浮冰,巨变可能随时来临,而其预兆,就在细节之中。讲求细节往往能发挥重要作用,不注重细节则可能导致难以承受的重大损失。

 案例

有句英文俗语说:"魔鬼藏在细节里。(The devil is in the details.)"很多我们觉得无伤大雅的小事,也许就会改变一个人的命运,改变一件重大事情的结局。

　　有着百年辉煌历史的爱立信与诺基亚、摩托罗拉并世称雄于世界移动通讯业。但自1998年开始的3年里，当世界蜂窝电话业务高速增长时，爱立信的蜂窝电话市场份额却从18％迅速降至5％，即使在中国这个它从未想放弃的市场，其份额也从1/3左右迅速地滑到了2％！爱立信在中国的市场销售额一日千里地从手机销售头把交椅跌落，不但退出了销售三甲，而且还排在了新军三星、飞利浦之后。在中国这样一个快速成长的市场上，国际上很多濒危的企业一到这个市场就能起死回生、生龙活虎，但爱立信却在这块风水宝地上失去了它往日的辉煌。

　　当年，在中国手机市场上，大家去买手机时，都在说爱立信如何如何不好。当时，它一款叫作"T28"的手机存在质量问题，对这种质量问题的漠视，则使它犯了更大的错误。"我的爱立信手机的送话器坏了，送到爱立信的维修部门，很长时间都没有解决问题；最后，他们告诉我是主板坏了，要花700块钱换主板。而我在个体维修部那里，只花25元就解决了问题。"这位消费者确切地说出了爱立信存在的问题。那时，几乎所有媒体都注意到了"T28"的问题，似乎只有爱立信没有注意到。爱立信一再地辩解称自己的手机没有问题，而是一些别有用心的人在背后捣鬼。然而，市场不会去探究事情的真相，也不给爱立信以"伸冤"的机会，无情地疏远了它。

其实，信奉"亡羊补牢"观念的中国消费者已经给了爱立信一次机会，只不过，爱立信没能好好把握那次机会。

1998年，《广州青年报》从8月21日起连续三次报道了爱立信手机在中国市场上的质量和服务问题，引发了消费者以及知名人士对爱立信的大规模批评，而且，爱立信的768、788C以及当时大做广告的SH888，居然没有取得入网证就开始在中国大量销售。当时，轻易不表态的电信管理部门的声明，证实了此事。至此，爱立信手机存在的问题浮出了水面。但爱立信则采取掩耳盗铃的方式来解决问题。爱立信的工作人员还心虚嘴硬地狡辩：我们的手机没有问题！既然选择拒不认错，爱立信自然不会去解决问题，更不会切实去做服务工作。

质量和服务中的细节缺陷，使爱立信输掉了它从未想放弃的中国市场。

 阐述

一只蝴蝶扇动了翅膀，可能导致千里外的一场飓风；一头病禽在农场里倒下，可能导致整个国家餐饮行业的萧条。这个故事警醒我们，不要忽视任何一个小的细节。往小说，一个细节的疏忽大意，可能会断送整个团队的发展前途。往大看，无意中的细节也许就会改写历史的进程。

从《蝴蝶效应》到《求婚大作战》，从《源代码》到《土拨鼠之日》，在很多影视作品中，主人公回到过去，在一些小事上做出不同的选择，就能够彻底改变自己和周遭人的命运。我们也时不时会有"如果当时不那么做就好了""如果当时更细心一点，是不是现在的情况就会不一样"这样的想法。生活中的遗憾太多，与其寄希望于并不存在的时光机器，为什么不在一开始就更小心一点、更勇敢一点呢？子在川上曰："逝者如斯夫！不舍昼夜。"在我们的文化中，蕴含着一种"逝者已矣"的哲学精神，正因时间一去不复还，我们再也回不到当时的抉择时刻，正因逝者如斯、摧枯拉朽，流动和变化是世界的本质特性，所以我们需要把握当下，关注变化。

商鞅在《商君书》里写道："愚者暗于成事，智者见于未萌。"事实上，这种忧患意识一直是我们的文化里最深层的集体无意识，"忧生"也是我们传统诗词中恒久的主题。"忧生"是对个体生命的忧虑，"忧世"是对时代和民族的忧虑。在战争频繁的乱世，有阮籍的《咏怀》、屈原的《离骚》；在盛世，也有元结的《箧中集》，孟云卿的《悲哉行》。古往今来，学人们都怀着"忧生"之心寻求"有为"，试图"为之于未有，治之于未乱"。

世界卫生组织的统计显示，全球每5个人，就有1人至少患一次癌症。世界卫生组织国际癌症研究机构公布的数据显示，中国2020年新发癌症病例约457万，死亡病例大约300万。在发病率上，国内癌症整体发病率从2000年到2011年呈持续上升趋势。

作为困扰现代人的头号病魔，癌症生动地向我们展示了

"欲病救萌、防微杜渐"的重要性。我们常说,生于忧患,死于安乐。生活中的很多事情都是这样,在恶性事件还未发生的时候,我们就要有作为。在日常生活中,我们就需要提高警惕,尽量避免不健康的生活方式,注重饮食细节,保证睡眠质量。在身体出现不正常的时候,我们就要能识别身体对自己的报警信号。我们要尽量发现细节中的隐患,在蚁穴还未造成重大损失时就将它发现,排查各种风险隐患。否则,在病魔来袭时,我们就已经错过了最佳时机,一切补救都来不及了。

除了关乎生命健康的大事外,注重细节也是我们做好日常生活中任何事情的基础。在医院里,每个病人都有自己的病历,相关的药物都是专属的。如果弄错了药,就可能导致病人药物过敏、休克乃至死亡。每年的高考季,都有高三考生忘带身份证、准考证,被考场拒之门外的新闻报道。同学们寒窗苦读十多年,为高考做了充分准备,但由于一个马虎,就连考场都进入不了,这不是很可惜吗?对于考生个人来说,不注重细节酿成了恶果,但是对于整个国家社会来说,淘汰了一个不注重细节的人,可能就避免了未来这个人身担重责却依旧不注重细节所导致的重大失败。

细节可以决定成败,也可以决定生死。小细节可做大文章,福尔摩斯瞟一眼华生哥哥的手表,就能推测他一生的经历、性格与习惯。细节总是光顾那些认真对待、用心思考的人。因此,我们应当常怀敬畏之心,时刻注意,用心于细节。

二、小细节关涉大事业

细节不是"细枝末节"，而是用心，是一种认真的态度和科学的精神。

——汪中求

见微知著是一种珍贵的能力。俗话说，三岁看到老，长辈们就是通过孩子所表现出来的生活细节反映出的个人品质，推断其将来的发展。

细节宛如棱镜，能够反射出现实世界的丰富与纷繁。一个具有理性思维能力的人，可以通过细节推断出大量信息。曹刿看到混乱的车辙，就知道齐国战势已去。从树上掉下来的一颗苹果，打开了近代科学史的崭新篇章；被蒸汽顶开的壶盖，导向了浩浩荡荡的工业革命。若是对生活有心，就连普普通通的一双筷子也可以颇具意味。在《符号帝国》一书中，罗兰·巴特将筷子和西方惯用的刀叉做比较：刀叉的功用是切割、扎破、翻绞,而筷子却不会蹂躏食物,它的使用不具备机械性的程序,蕴含着一种母性,它只会选取、翻动、移动食物。这段精彩的分析,让寻常的物件焕发了生机,让我们看到东西文化的根本差异。

但是,细节之所以常常被我们忽略,就是因为它的细微与不起眼。我们的注意力是一种馈赠,每一刻,每一秒,我们的脑海里都有千万信息涌过。一个坐在椅子上,看似安稳平静的人,脑海里的思绪其实如瀑布一般倾泻而下。在那些诚实描写我们心理活动的"意识流小说"中,可以发现我们的思绪是如何漫游不定、原始与混沌。

人类的一切动心起念,都是从注意开始的。也正是因此,"注意力经济"才会大行其道。"注意"是一种选择性的生理过程,我们每秒都会接触大量的信息,而注意让我们筛选出那些最重要、最值得处理的内容。在一个喧闹的舞会上,如果我们开始和某个人讲话,我们的大脑会自觉地将周围的背景忽略,将对方的声音放大。在大众传媒无限扩张的今天,信息的富足会导致注意力的贫瘠,我们正如身处一个闹哄哄的大型舞会之中。因此,各种大众传媒都竭力攫取我们的"注意",提供各种挑激的内容,试图培养观众对它们的依恋性。

在这个信息普遍过载的时代,如何分配我们的注意也是一项需要研习的功课。我们似乎连那些看似"重大"的事情都关注不过来,又该如何捕捉生活的细节呢?下面的故事也许可以给我们提供参考。

案例

　　飞机徐徐降落在东京国际机场，一家法国知名汽车生产公司的总工程师冉先生踌躇满志地走下舷梯。他此次是代表公司来和日本本田公司洽谈合作的。他们所在的公司准备和日方合作，为他们提供轿车及附件。如果这次谈判顺利，那么，冉先生所在的公司将会获得这笔大订单和随之而来的巨大的经济效益。

　　日方对这次谈判也极为重视，他们专门派出一位年轻有为、处事谨慎的副总裁兼技术部课长冈田先生前来迎接。冉先生办完通关手续后，走出大厅，来到举着欢迎他的小牌子的人面前，与冈田一行人一一握手。宾主寒暄几句后，冈田亲自为冉先生打开车门，示意请他入座。

　　冉先生刚进入车里，便随手"砰"一声关上了车门，声音特别大，冈田看见车身都微微颤动了一下。冈田见此情景，不禁一愣，想到："是因为长途跋涉，冉先生劳累而情绪不佳，还是因为办理繁琐的通关手续让他心烦？我们要小心接待。"

　　一路上，冈田一行人显得非常热情周到。轿车刚停下来，冈田便快速下车，小跑着绕过车后，要为冉先生打开车门。但此时，冉先生已经打开车门下车了，他又随手甩上车门，"砰"地将车门关上了，并且这次的声音更大，好像用了很大的力气。冈田又疑惑地愣了一下。

洽谈会议安排在第三天，日方在第一天为他们安排了紧张的考察，日方董事长亲自接见冉先生，这让他非常满意。接下来的时间里，冈田极尽地主之谊，全程陪同冉先生游览东京各处的名胜古迹和繁华街景。他显得兴致极高，但他回到酒店下车时，又是重重地"砰"地一下关上车门。

冈田不禁皱了下眉，片刻后，他终于小心地问道："冉先生，我们有什么安排不妥的地方，还望先生海涵。"冉先生显然没什么不满意的："冈田先生能把什么都考虑得如此周到细致，我非常感谢。"说话时，他的脸上充满真诚。冈田却好像若有所思。

第三天终于到了，冉先生下车后，又是重重地"砰"地关上了车门。冈田暗中向手下的人吩咐几句后，便丢下冉先生，径直向董事长办公室走去。冉先生正感到有些莫名其妙，冈田的手下人客气地把他请到了休息室，说冈田课长有急事要和董事长谈，请冉先生稍等片刻。

冈田来到董事长办公室严肃地说："董事长先生，我建议取消与这家公司的合作谈判！至少应该推迟。"

董事长问："为什么要取消呢？谈判时间就要到了，这样随便取消，有失诚信。再说，我们有什么理由推迟或取消谈判呢？"冈田说："我对这家公司缺乏信心，这几天我一直陪同这位冉先生。我发现他每次下车的时候总是重重地关上车门。开始我还以为他是发脾气，后来我发现，这是他的一个习惯。冉先生是这家汽车公司的高层人员，平时坐的一定是他们公司生产的好车。他平时都是重重关上车门，那么说明他们生产的轿车车门不容易关牢，容易出质量问题。好车尚且还如此，一般的车辆更不知道该是什么样……虽然我们把轿车和附件给他们生产，成本降了很多，但一旦出了质量问题，就会砸了咱们的牌子。还是请董事长再考虑一下。"

最终，因为这个关车门的小细节，这笔大单就告吹了。

阐述

关车门是一个细微的小动作，一般人都不会注意到。但恰恰是这件在别人眼里微不足道的小事，被冈田注意到，让他从中分析出了一条重要信息，帮助公司避免了可能遭受的重大损失。那么，他是怎么做到的呢？

最核心的原因，在于他将公司的核心目标牢记心间，视为了评判对方的标准。作为一家汽车企业，安全性是第一位的，附件的质量与整个品牌的声誉息息相关。也正是因此，他会格外留意与汽车质量相关的细节。在心理学上，这种现象叫作跳出（pop-out）效应。"注意"本质上就是一种偏差，它会优先选择处理一些信息，搁置或放弃其他的。而由于冈田对汽车质量的关注，他关于这方面的注意被优先选择激活了。因此,冉先生关车门这个小动作就如绿叶上的一朵蓝花般吸引眼球。

因此,我们不是在被动地接受一切,而是不断地在选择、进入与理解这个世界。一个曾在人际关系中受挫的人,会更留意对话人脸上不快的神情;一个城市规划系的学生,自然会更加关注街道排布的细节。换言之,我们对于周遭世界的关注,很大程度上与我们过去的经历息息相关。

科学和艺术的本质,都是"让隐藏着的东西曝光"。我们在平凡的生活中捕捉细节,研究细节,试图用人类的思维之火,去照亮那些自然内部与我们心灵内部隐藏的东西。有时候,一些平时看来无关紧要的事物,突然有了崭新的意义;一些看似毫无关联的东西,忽然被连接在一起,形成一种崭新的秩序,改变了我们对问题的看法。我们将这样的细节称之为"灵感"。从科学到艺术,天才们在人类历史上留下浓墨重彩一笔的时刻,总是少不了灵感的身影。在古希腊,"灵感"一词是由"神"和"气息"(或译"微风")两词复合而成的,也就是说,神将诗歌和音乐吹入诗人的灵魂之中,让他们创造出动人的艺术。灵感使用诗人、支配诗人,诗人是一个媒介、器皿和容器。

而正如王鼎均所说的,"灵感不会无缘无故产生,知识、经验、思想,都是它产生的基础"。它不仅要求我们在本行业中深掘,也要求我们跨越专业的界限,尽可能广泛涉猎。古往今来的文人,在不同程度上都是"博学家":鲁迅在写作之外,也是国内的版画收藏第一人，威廉·布莱克既是一位声名显赫的浪漫主义诗人，也留下了诸多版画作品，更毋论在绘画、建筑、医学、天文等诸多领域都有非凡成就的达·芬奇。他们在其他领域所学习到的知识，也反哺了他们在本领域的研究。所有的一鸣惊人，都是厚积薄发的结果。

在《灵感：在科学与艺术中发现创造力》一书中，汤姆·麦克利什将这个过程比作植物学里的"异花授粉"："既要认准目标，也要迂回前进；既要拥有深厚的专业知识，也要融合从广泛的知识航行中汲取的经验；既要加入由志同道合、教育背景相似的同侪组成的团队，也要经常与来自不同领域的人接触。"只有这样，才能打开我们的心智，提升我们捕捉细节的能力。

在这个过程中，好奇心尤为重要。只有真正的好奇，才能够将我们推向陌生与未知的领域；也只有好奇，才能让我们关心那些被其他人忽视的细节。每个人都需要成长，谁也不可能一上来就精通和理解所有的问题。因此，每一次的发问，每一次的学习，每一次的整理总结，都决定了你成长的速度。在发现问题、理解问题的过程中，既需要感性细节的认知，直观感受这里存在什么问题，也需要条理和逻辑，将问题拆解，分门别类。这个过程有助我们养成强大的理解力和优秀的细节意识。

三、处理好每一处细节

> 我们无法成为一个伟大的人，但我们可以用伟大的爱做细微的事情。凡事尽好本分，你就已经超凡脱俗。
>
> ——特蕾莎修女

1985 年 8 月 12 日，时值夏末，正是日本传统节日盂兰盆节前夕，传统上人们这一天要返乡与家人团聚，祭拜祖先。日本各大城市的交通干线都挤满了回家探亲的人，东京的羽田机场也不例外，成千上万的人正要搭乘飞机返乡。

当时的日本航空业已经非常发达，就连短程的国内航班都动用了波音 747 飞机，日航 123 号航班正是其中一员。日航 123 号航班在晚间 6 点 12 分准时起飞了，顶着落日的余晖飞往工业城市大阪，预计飞行时间 54 分钟。机上几乎满座，509 名乘客和 15 名机组人员，大家彼此寒暄，都沉浸在即将与家人团聚的喜悦之中。

飞机滑跑、起飞和往常一样顺利,空姐巡视了一圈就各自回到了自己的座位。然而在飞机起飞 12 分钟后,机舱突然被一声爆炸打破了平静,舱内迅速泄压,氧气面罩自动脱落,乘客们一片混乱。机组人员与地面指挥中心密切配合,极力挽救飞机,但还是功亏一篑,飞机最终在起飞 42 分钟后撞向富士山。

事故发生后,日本政府迅速组织了事故调查委员会,委员会成员还包括了来自美国国家安全委员会和波音公司的 9 名代表。经过调查发现 1978 年该飞机曾经出现过一次事故,造成机身尾段受损。机尾受损后,波音公司没有妥善修补损伤区块。在替换损伤的压力壁面板时,应当使用一整块接合板连接两块需要连接的面板,并在上面使用三排铆钉固定,但维修人员使用了两块不连续的接合板,一块上面有一排铆钉,另一块上面有两排。这使得接合点附近金属蒙皮所承受的应力明显增加,对金属疲劳的抵抗力下降了至少 70%。在维修后几年的飞航过程中,因客舱内部的多次加压和减压,导致此处的金属疲劳不断累积。依照事后调查人员的计算,这次修补只能承受 10,000 次左右的飞行,而班机失事时已经是维修后的第 12,319 次飞行。飞机爬升至 7,000 米左右高空时,压力壁面板累积的金属疲劳达到了极限,无法再承受气压差而破裂。机舱内因此发生爆炸减压,高压空气冲进机尾,直接将垂直尾翼吹落,连带扯断了主要的液压管线,导致机师无法正常操控飞机。最终飞机坠毁,造成世界上涉及单一飞机的空难中死伤人数最多的空难事件,也是全球第二大严重空难。

这个故事告诉我们,在现代生活中,可能一排小小的铆钉安装不当就会造成重大的安全事故,人民生活的保障全在细节之中。一个合格的现代人需要具备细节意识,他需要告别工业文明前自由散漫的状态,需要遵守各种生产规章制度,规章里每一个看似不重要的琐碎规程,背后都是无数前人的血泪教训。

西点军校前校长潘莫说:"最聪明的人设计出来的最伟大的计划,执行的时候还是必须从小处着手,整个计划的成败就取决于这些细节。"小至货车核心零部件的焊接法,大至"深海一号"与神舟飞船的设计组装,这个时代处处呼唤着"工匠精神",呼唤着"偏毫厘不敢安"的一丝不苟,呼唤着"千万锤成一器"的卓越追求,强国建设便是由这样关注细节、注重细节的"匠心"铸就。

特蕾莎修女说:"我们无法成为一个伟大的人,但我们可以用伟大的爱做细微的事情。凡事尽好本分,你就已经超凡脱俗。"我们需要放下对伟大的执迷,抵抗我们虚荣的本性,投入生活的细节中去。在我们生生不息的人生之中,总有操劳、计算与经营,如果我们视其为辛劳与责任,就难免倦怠痛苦,但若我们将其看作一种创作、一种产出,它们就是我们人生的组成部分,是帮助我们形成自己、认识自己、发展自己的通道。

在这一点上,《庖丁解牛》的故事可以给我们提供重要的参考。

 案例

　　庖丁为文惠君解牛,手之所触,肩之所倚,足之所履,膝之所踦,砉然向然,奏刀騞然,莫不中音,合于《桑林》之舞,乃中《经首》之会。

　　文惠君曰:"嘻,善哉! 技盖至此乎?"

　　庖丁释刀对曰:"臣之所好者道也,进乎技矣。始臣之解牛之时,所见无非牛者;三年之后,未尝见全牛也。方今之时,臣以神遇而不以目视,官知止而神欲行。依乎天理,批大郤,导大窾,因其固然,技经肯綮之未尝,而况大軱乎! 良庖岁更刀,割也;族庖月更刀,折也。今臣之刀十九年矣,所解数千牛矣,而刀刃若新发于硎。彼节者有间,而刀刃者无厚;以无厚入有间,恢恢乎其于游刃必有余地矣。是以十九年而刀刃若新发于硎。虽然,每至于族,吾见其难为,怵然为戒,视为止,行为迟,动刀甚微。謋然已解,如土委地。提刀而立,为之四顾,为之踌躇满志,善刀而藏之。"

　　文惠君曰:"善哉! 吾闻庖丁之言,得养生焉。"

阐述

　　《庖丁解牛》初看是一个奇怪的故事:杀牛这样一件血腥

的事,何以入文? 孟子说要"君子远庖厨",为培养仁义之心,我们最好不要亲手杀死那些带有血气的东西,而庄子却偏偏要写这最污浊、最血腥、最残忍之事。而且,恰恰是在这样的"杀生"中,庖丁让文惠君悟出了"养生"的道理,这看似南辕北辙的两端,在文本中被连接起来了,这是第二奇。

究其原因,庖丁不是在"杀牛",而是在"解牛"。在他劳作的过程中,他凝神聚气、全神贯注,此时,他的整个身体都倚靠在牛身上,他的呼吸与节奏都合乎和谐的音律,由"音"及"乐",将这个本来污浊血腥的过程变成了一场行为艺术的表演,让屠宰牛的声响变成了劳动的赞歌,它变成一种艺术、一种情怀、一种境界。因此,庖丁的操作就不是一种"技艺",而是一种"道"。

庄子以浪漫化的笔触提出了"技""道"之辩的问题,这恰恰是我们理解工匠精神的核心。在《大宗师》中,庄子提出了习"道"的两种路数,以技入道就是其中重要的一种途径。庄子所追求的道是一种"天地与我并生,而万物与我为一"的宇宙精神,一种物我交融的精神境界。生活中诸多看似平常的技艺,比如解牛,比如烹饪,都可能是道的一种敞开方式。一个以太极拳作为自己生命的一部分的人,未尝不可通过太极拳而领悟生活之大道。与其高蹈地追寻某种绝对精神,不如从体察生活与劳动的细节做起。人必须由"技"入"道",体"道"并行,才能达到自由的境界,回归真实的人性。这不仅重要,也是我们生存的必需。因为说到底,"技"只是一种工具化、实用化的知识，但是人不应当变成只装载一类知识、只有单一用途的器皿，被物化为一种工具性的存在。物物，而不物于物。只有像庖丁那样，将技术上升到了体道的境界，他才能在劳动中获得他的尊严，发挥自己的潜力，施展自己的才智。

此时，劳动本身就不是一种单纯的谋生手段，不是我们强迫或支配所作的工作，而是目的本身，是我们认识世界、改变世界的通道与成果。只有在这种情况下，在每一个流程和细节上一丝不苟、精益求精，不断追求卓越、创造卓越，才会是我们自觉的选择。

精益求精，是为了能够更好地施展与发挥自己的才华与能力。无论是脑力劳动者的作品，还是体力劳动者的发明、器物，都是人类力量和才能的充分展现。究本质而言，几乎所有的工作在本质上都是一种"技艺"。就连我们习以为是纯粹创造性工作的艺术创作，也是技艺的一种。古往今来，无数匠人以他们的坚守为我们塑造了榜样："天眼之父"南仁东二十二年不辞辛劳地工作，打造出世界上最大的单口径射电天文望远镜；"大国工匠"徐立平默默无闻，"雕刻"火药，突破精密机器的局限；创作《人间喜剧》时，巴尔扎克用坏了无数支笔，从未停止对自己作品的缝缝补补。他们的精益求精与创造精神，展现了人类本性中坚守、精益求精、追求卓越的光辉。

精益求精，也是在不断地敦促我们自己走向进步。积跬步以至千里，积怠惰以致深渊。《微习惯》的作者斯蒂芬·盖斯就曾写到，每日坚持的一个细小的行动，就可以彻底改变我们的生活。正如那个经典的算术所揭示的，1.01、1、0.99 三个数字之间差距不过 0.01，但经过 365 天的重复后，它们的差距就有 1 260 倍之多。我们总是有无数天马行空的想法，却很少能够将它们落地。而追根溯源，其实一切都源于我们最初的一小步。如果我们一开始就从小事做起，从一个俯卧撑、从读两页书做起，我们就更有可能把这些事坚持下去。杜克大学的研究表明，我们约有 45％ 的日常行为都是习惯使然。一天天过去，我们的习惯不断地重复、不断地加深与强化。在每一次工作中注重细节，将每一次任务做到极致，都是在帮助我们变成更好的自己。

从大处着眼，精益求精也是在推动整个社会和民族的进步。不是每个人都能如袁隆平、邓稼先一般以自己的创造改写民族的未来，但每个人都有其在这世界中独一无二的位置。正如特蕾莎修女反复强调的，我们需要的，是将伟大的爱投入细微的事情中。凡事尽好本分，把握好我们控制范围内的种种细节，我们就已经足够超凡脱俗。

在最平凡之处，可见最不平凡的火焰；在最普通之处，可见最不普通的壮举。不求近功，不安小就，精益求精，行稳致远，应当是我们对自己最基础的要求。

四、认识到细节的力量

> 以大格局纳小细节，才能将细节的威力发挥
> 到极致。
>
> ——史玉柱

过分讲究细节可能会使你走入另一条歧路，那就是对任何微小不愉快的捕捉，它使你在日常生活中变得挑剔、苛刻。这种到处挑刺的行为往往令人生厌，也总让人捡了芝麻，丢了西瓜。

在这种时刻，我们就要好好权衡"小细节"与"大格局"之间的关系。一名司机不可能只关注左侧后视镜的情况，他必须关心整条路上的路况。一位画家也不可能只雕琢某个局部的细节，他必须后退几步，观察刚刚所画的内容在整个画幅上是不是和谐的。这个"抽身退步"的动作，就是将小细节融入大格局的关键。

在不同的情境下，我们有不同的需要。例如，当我们抵御诱惑时，关注细节恰恰是我们需要竭力抵抗的惯性。解释水平理论认为，任何事件都可以从高解释水平和低解释水平两种方式来思考。过度关注细节，恰恰是低解释水平思维的体现。当我们采用高解释水平时，我们会更加关注整体大局，思维会更抽象；反之，当我们的思维处于低解释水平时，我们只能关注即刻能感受到的特征细节。比如，面对一块巧克力蛋糕，高解释水平思维状态下的我们会想："它有多少热量营养物质"，"为什么要吃它"，"吃了它会有什么后果"，此时的我们就能看到当下这一决策的长期影响，意识到自己的长期目标。而低解释水平时的我们只会关注它的味道、气味，专注于它此刻的细节，而忽略了自己的健身计划。

同样的，对细节的过度关注有时会分散我们的注意力，让我们忽略了那些真正重要的事物。经济学领域著名的"二八原则"，同样适用于我们的学习和生活。在大多数情况下，20％的核心信息与观点，就能解决80％的问题。在我们学习新知识的时候，自然是希望巨细无遗、滴水不漏，连教科书的角落小字都要关切注意。但是，当考试复习的时候，我们应当将着力点放在最核心的那些概念与问题上，而不能被各种杂七杂八的细节淹没。

只有将自身格局放大，不拘泥于无关大局的细节，只注重内涵丰富的细节，方能成功。让我们来看看以下这个案例，说不定会有启发。

案例

从中国改革开放之初到 20 世纪 90 年代末，一大批思想开放、头脑灵活的人抓住机遇，搞承包、办公司、下海上山，拿到了第一桶金。从 90 年代末到 2000 年前后，一些大型企业，即生产力和技术实力优秀的企业，继续依靠技术和产品开拓市场、扩大版图。但从 2000 年左右到现在，大家一致觉得市场越来越难开拓，竞争越来越激烈，降价促销和新概念满天飞，竞争对手和有竞争力的产品层出不穷。这个时候创业就没那么容易了。单纯的下订单，喊出商业理念，人性化管理，而没有实际履行，已经不再有效。现在要把企业做强，简单来说就是赚管理钱，从机制和制度入手。也就是说，要在精细化管理和细节上下功夫，从开发、生产、销售、财务、日常管理各个方面做好精细化管理。

精细化管理的一个例子就是日本丰田依靠精益制造将日系车带入国际市场，多年来一直跻身世界百强。精细化管理的核心是精益制造。战后，日本经过多次调查研究，在没有资金和廉价劳动力的情况下，创造了精细化的管理理念，并从后面走来，甚至在通用和福特占领的美国市场开辟了新天地，使得以大规模生产为管理模式的规模经济和成本节约的美国巨头不得不被日本的缜密计算、缜密思考和深入研究所折服。这些管理理念主要体现在减少库存积压、通过销售固定生产、看板生产、优化生产线和物流流程、建立会计中心(集团)通过激励激励员工、降低成本、避免各个环节的浪费。当然,丰田的成功也得益于历史上油价的上涨。为了省钱,消费者放弃了笨重、耗油的美国汽车,选择了重量轻、油耗低的日本车。而精细化管理的理念,在资源日益稀缺的情况下,迟早会大放异彩。

丰田模式被总结为 14 项原则,这些原则主导了丰田生产方式中的技巧与工具,以及丰田公司的管理工作:

1. 管理决策以长期理念为基础,即使因此牺牲短期财务目标也在所不惜。

2. 正确的流程才能产生正确的成果。

3. 使用拉动式生产方式以避免生产过剩;

4. 生产均衡化,工作应该像龟兔赛跑中的乌龟一样。

5. 建立立即暂停以解决问题,从一开始就重视质量控制的文化。

6. 工作的标准化是持续改善与授权员工的基础。

7. 通过可视化管理使问题无所隐藏。

8. 使用可靠且已经充分测试的技术以协助员工及生产流程。

9. 培养深谙公司理念的领袖,使他们能够教导其他员工。

10. 培养信奉公司理念的杰出人才和团队。

11. 重视合作伙伴和供应商,激励并帮助其改善。

12. 亲临现场,彻底了解情况。

13. 制定政策时要稳健,穷尽所有选择,并征得一致意见;实施时要迅速。

14. 通过不断省思和持续改善以成为一个学习型组织。

全世界企业学丰田精益生产几十年,实现精益管理的企业还是凤毛麟角,丰田作为精细化管理的标杆,值得其他企业虚心学习。

叁 阐述

丰田的精细化管理,始于丰田佐吉,经丰田喜一郎,到大野耐一成形,曾被冠以"21世纪的生产方式"和"制造工业的又一次革命",从根本上进行了丰田的管理流程再造和管理模式创新,极大地减少了资源的浪费,提高了企业生产效率和产品质量。缔造"丰田生产方式"的功臣大野耐一曾说过:"要促成无间断流程,必须花时间与耐心。"因此,丰田公司的经理人与工程师并没有在每次想执行某个工作以改进流程时,都先进行详细的成本效益分析成本。当然这是个需要重点考虑的因素,但是,他们的原则就是只要能建立无间断流程之处,就勇往直前,并持续改进使之变成运作更好的流程。

以大格局纳小细节，才能将细节的威力发挥到极致。正如一位企业家所说的那样，"当战略定好后，关键在于执行力，细节决定成败"，"细节决定成败"也是他能够屡次在不同领域创业成功的秘诀。

生活中也是这样，我们的精力与时间始终是有限的，我们不可能将它们全部投入无止境的细节之中。英国历史学家诺斯古德·帕金森提出过著名的"帕金森定律"：工作量只会不断膨胀，直至占满所有可用的时间。也就是说，工作是越做越多的。如果我们给某项工作事先安排了充裕的时间，那么我们会无形中放慢自己的节奏，关注一个个无用的细节，最终导致效率低下。如果我们不允许自己在任何一个细节上失误，就注定得一遍一遍地重复检查，拖延本该尽早完成的工作。

过度追求细节，会让我们堕入完美主义的误区。完美主义是指那些"无法接受任何不完美事物"的特质。当一栋房子上漏铺一小块瓦片时，我们的目光不会注意密密麻麻的其他瓦片，只会在意那漏掉的一小片。这被称为"漏掉的瓦片效应"。在日常生活中，这样的现象很常见。但如果我们以这样的思维方式来观照自身，那就是非常危险的。那块"不完美的瓦片"就是我们身上的缺点和不幸，如果我们的目光只能聚焦于此，不幸与痛苦就会不断袭来。但事实上，参差多态，才是生活的本源。我们的一生不应当浪费在计较这些细枝末节上。

在大多数情况下，完成都远远比完美重要。正如丘吉尔所说,完美主义等于瘫痪。如果过于追求情境的完美,会导致我们丧失行动能力。在生活中,我们经常会有这样的想法:只有在一切完备的时候,我们才能行动。我们会觉得,"晚上八点不适合运动","运动是在健身房或操场里的","穿上全套的远动服饰更适合运动"。但是静下心来想一想,文具的齐备与否,会影响我们听课的效率吗?笔记书写的美观与否,会导致不同的学习效果吗?这些细节只是锦上添花,"运动""学习"本身才是我们的关注重点。过度关注周遭的一切细节,会让我们缺乏应对突发事件的弹性。

完美主义的根源,是我们幼儿式的二分法思维模式。但事实上,生活并不是"要么全有,要么全无"的豪赌,事情也不是只有对错、好坏、胜败两种,在非凡与平庸之间,存在广阔的中间地带。对细节的挑剔,大多出于我们对失败和拒绝的强烈恐惧,它让我们处处设防,害怕展露自己的脆弱。一个完美主义者往往对自己和周遭的一切都相当严格,他们苛刻、片面、不依不饶地寻求"完美"。但事实上,我们永远不可能做到这一点,因此,我们需要接受现实。用本-沙哈尔博士的话来说,我们应当"允许自己成为人"(Give ourselves the permission to be human)。我们是真实而有瑕疵的人,在大多时候,足够好就可以了。

在生活中,我们不能做一个死抠细节的人,不然必然引发许多负面的效果,影响我们的人际关系。我们需要转变心态,将自己从琐事或是强迫症中解放出来,把自己的注意力更多地投入大战略、大方向的制定上。

　　因此，我们投向细节的每一次目光，都是在追寻较原水准的"进步"，而非"完美"。这要求我们去关注那些"最具收益的细节"。在这一点上，诸多时间管理与规划的法则都可以给我们提供参考。例如，时间四象限法从重要性和紧迫性两个维度对事件进行分类：检查格式、错别字这样的事件，就属于紧迫而相对不重要的事件，需要我们马上处理；相对的，整理文件、填写网络申请这样的事情就相对不重要与不紧迫了，在上面耗费很多心力是不值当的。我们可以将这些分散的、突发的、意外的小事集中处理，也可以干脆将它们交给信任的人处理。相对于在琐事上全力以赴、被一个个突发小事搞得手忙脚乱，不如寻求方法如何省时省力地完成、更具全局观地开展工作。而且，很多时候，我们自己无法察觉的问题，其实在他人眼中清晰无比，这就是所谓的"他山之石，可以攻玉"。比如，在完成一篇文稿后，你可能会反反复复地检查其中的格式、语病、错别字和不恰当的表达，自认已经十全十美了。但在提交后，你又会惊呼："呀！这个地方错了，我怎么没发现呢？"事实上，很多错误我们自己是发现不了的。这个时候，如果你找其他人帮助你检查，他们就会提出很多你想不到的问题和困惑。慢慢地，各种问题会在细节层面暴露出来。因此，在行动之前，我们应当想清楚我们最核心的目标是什么，需要拿出什么样的成果才能足够让对方满意。与其将时间投入不可控的、永无止境的"打地鼠"式细节修改，不如先着手将自己能做的事情好好完成，将较大的隐患扼杀在摇篮中。

致广大而尽精微，处一隅而察大局，守一方而观大势，方为成事之道。大到国家命运，小到个人的前途，大方向、大战略永远是最重要的，但这不意味着小细节就无关紧要。要关注细节、全力以赴，也要有的放矢、收放自如，只有将两者有机结合的人，才能发挥出个人最大的价值。

第五篇

积极的心态助你成功

一、成功源于积极的心态

> 一切的和谐与平衡，健康与健美，成功与幸福，都是由乐观与希望的向上心理产生与造成的。
>
> ——华盛顿

比尔·盖茨与前妻梅琳达在 2018 年新年公开致辞中提道："我们一直坦言自己具备积极乐观的精神。不过如今，乐观精神似乎十分稀缺。新闻标题中充斥着各种骇人听闻的消息，每天关于政治分歧、暴力或自然灾害的报道层出不穷。不过尽管如此，我们认为世界正变得更加美好。与十年或百年前相比，当今世界的健康、安全程度远超以往。儿童死亡人数自 1990 年来已经减半，且仍在持续下降。孕产妇死亡人数也经历了大幅下降。与此同时，极端贫困人口在短短 20 年内几乎减半。更多儿童有学可上。这样的例子不胜枚举。"

我们应当以积极的眼光看待外部世界,更需要以积极的心态改变现状、走向成功。比尔·盖茨和梅琳达的新年致辞还指出:"所谓乐观积极,并非认识到过去不如现在,而是知道如何使生活得到改善。这才是我们乐观情绪的真正源泉。虽然在工作中见到过许多疾病与贫穷,也面临着许多亟待解决的重大问题,但我们也看到了人性最美好的一面。我们向发明尖端工具治疗疾病的科学家讨教,与不遗余力地用创新方式为全世界人类谋取健康与福祉的政府领导交谈,也在世界各地见到过勇敢而睿智的个体通过发挥想象力,找到彻底改变社区状况的新方法。"

　　比尔·盖茨和梅琳达对人性美好的一面充满希望,对自己及全人类的未来饱含期待,对世界变好的信心不断增长,恰恰是积极心态的最佳诠释。积极向上的心态,是我们追求成功道路上最宝贵的财富。无论现实如何冰冷残酷,我们应当以积极有为的态度面对疾风,抵御骤雨;无论道路如何曲折险峻,我们应当以乐观向上的精神克服恐惧,砥砺奋进。

　　遭遇困难或阻碍时,消极的心态会使我们丧失克服困境的信心,让我们滞留原地、止步不前;面对逆境或低谷时,颓丧的精神会使我们一味地消沉下去,让我们失去迎难而上的动力,从而无法扭转局面,迎接胜利。因此,如果想要取得成功,如果想要获得辉煌成就的勋章,那就必须具备积极的态度,培养向上的精神。我们相信,积极的心态是行动力和执行力的重要来源,是你我取得成功的助推力。

案例

"跌倒再多次,都不会影响我想要重新站起来的决心。"这是知名羽毛球运动员陈雨菲的宣言。屡败屡战的勇气,积极向上的心态,是她的决胜武器。

2016年11月13日,在西班牙举办的世界青年羽毛球锦标赛上,陈雨菲夺得了第一个世界冠军。在众人殷切的目光注视之下,十八岁夺冠的她被称作"女单一号",是辉煌无比的球场新星。

然而在夺冠之后,陈雨菲却进入了最迷茫的阶段,赛场上屡屡受挫。2017年世界羽联黄金大奖赛瑞士公开赛,陈雨菲不敌陈晓欣,获得女单亚军。2017年世界羽毛球锦标赛,陈雨菲不敌普萨拉·文卡塔·辛德胡,无缘决赛。2018年羽联世界巡回赛德国公开赛,陈雨菲不敌山口茜,获得女单亚军。2018年全英羽毛球公开赛,陈雨菲不敌戴资颖,止步于半决赛。2018年亚洲羽毛球锦标赛,陈雨菲获得女单亚军……

很长一段时间,新闻报道里,"陈雨菲"的名字总与"状态不佳"一起出现。面对舆论的质疑、球迷的责骂、自我的怀疑,陈雨菲没有害怕退缩,没有消沉气馁,而是选择调整心态,积极应对。她比以前更加刻苦地训练,反复修正技术上的不足,优化自己在羽毛球场上的表现。

在 2018 年中国福州羽毛球公开赛中,陈雨菲以 2：0 的比分,战胜了奥原希望,夺得女单冠军。她的强势回归再次引发热议,这一战让所有人对她刮目相看。贬损的声音、负面的舆论、沉重的压力并没有将她压倒,反而鞭策着她积极向上,奋力前进。福州赛场上,她顶着伤痛走向颁奖台的步伐,那只被扔进垃圾桶的染满鲜血的袜子,都被看作她取得成功的勋章。

2019 年,陈雨菲收获颇丰。全英羽毛球公开赛,陈雨菲战胜戴资颖,获得女单冠军;与队友一起获得苏迪曼杯世界羽毛球混合团体锦标赛冠军;世界羽联职业巡回赛总决赛,陈雨菲再次战胜戴资颖,获得女单冠军……

不过,职业选手的进阶之路,从来不是一帆风顺、直上云霄的。2022 年,陈雨菲再次陷入职业生涯的低谷。面对"亚军魔咒",陈雨菲依然保持着积极向上的状态和绝不认输的心态。刺激的比赛中,陈雨菲总能用坚定的态度去处理凝结于赛场的重压,展现了她手上的精准、体能上的充裕,以及最为关键的——能扛住压力、积极应对变化的能力。

"这半年,发生了很多,经历了很多,身体和训练始终难以步入正轨,感觉自己身处黑暗,找不到出路。我也一直不停地告诉自己,再坚持一下、再勇敢一点或许就能看到光亮了。终于,今天我看到了一点点光,最后一战,再黑暗,我也要去寻找自己的光。"正如陈雨菲在 2022 年尤伯杯赛前所写下的这段话,她逐渐走出黑暗,迎来胜利的曙光。2022 年 6 月 12 日,羽毛球印尼大师赛女单决赛,陈雨菲以大比分击败泰国名将因达农,获得女单冠军。值得一提的是,这是陈雨菲本赛季第四场冠亚军争夺战,在之前三次全部遗憾摘银后,陈雨菲终于在印尼打破了长达 8 个月之久的"冠军荒"。球迷纷纷表示,这个冠军的到来对陈雨菲意义重大,昭示着她走出了职业生涯的最低谷。

阐述

陈雨菲作为知名羽毛球运动员,最吸引人的品质便是积极向上。她如小太阳一般散发着正面的、热烈的能量,感染着队友及球迷。从她的个人经历,我们能够看出,积极的心态是她取得成功的关键因素。

陈雨菲获得世界冠军时,只有十八岁。她以积极正面的眼光,看待赛场上大大小小的失败经验,因此她能坦然面对职业选手必然经历的起起落落;她以乐观向上的态度,对待比赛成绩的不尽如人意,无论跌倒多少次,依然选择站起来,以决不认输、绝不倒下的精神继续战斗。

笼罩于"亚军魔咒"之下,她没有失去再次夺得金牌的决心,而是努力走出阴霾,调整战术,从失败的经验中获得成长;面对刺耳的批评与质疑、外界给予的重重压力,她依然坚持以正面的心态应对比赛,在赛场上积极磨炼自己,在与选手的一次次交手中积累经验。试想如果陈雨菲一蹶不振,因为数次落败而陷入消沉的漩涡,那么她的职业生涯将毁于一旦;如果她因为观众的挖苦而垂头丧气,无法走出他人负面的评价、自我的怀疑,就无法突破瓶颈,再次站上冠军的领奖台。正是因为具备乐观积极的心态,陈雨菲才能走出低谷、获得重生。积极向上的精神,是她运动生涯不断取得突破的秘诀。

2022年泰国羽毛球公开赛女单决赛之后,陈雨菲对"为什么脚崴了还要坚持上场打比赛"这一问题回复道:"原因很简单,我不能保证每次比赛都在最佳状态、没有伤病。我想知道逆境之下自己能打到哪一步。以后有更重要的比赛,有伤难道就放弃不打吗?所以无论是之前韩国的比赛,还是现在泰国的比赛,情况再坏我也要打,输了也没关系,至少我磨炼了逆境中的自己。"

伤病是运动员最敏感的一根神经,陈雨菲依然能够选择积极面对,摆正心态,从容应战。既然伤病是运动员职业生涯几乎无法摆脱的阴影,她就选择积极地看待这一既定事实。无论伤病怎样困扰着她,无论当下局面如何艰难,她都坚持找寻希望,发展获得成长的机遇,向胜利挺进。无论囿于怎样的困局,积极向上的心态都是这位世界冠军成功的秘诀。

对自己充满信心,对未来怀揣着展望与期许,是取得成功的重要助力。我们常说"有志者,事竟成","志之所趋,无远弗届",积极的期望常常成为我们前进的动力。如果我们持有悲观的眼光,认定一件事必定会有失败的结果,预先设想重重困难与障碍,我们将会很难迈出前进的步伐。

我们很容易发现,在面对难以解决的学习任务时,我们倾向于选择逃避。比如学生时代某些高难度的数学题使我们望而却步,比如对某场考试的恐惧使我们无法静下心来复习。

艾玛·玛德琳在《走出舒适区》中提出了一种"认知循环"来解释恐惧对我们行为的影响。你可能曾经经历过一次失败的数学考试,这一经历作用于你的想法,让你相信自己是一个对数学毫无天赋的人。在面对下一次考试时,这一想法会使我们产生恐惧的情感,从而影响我们的发挥,再次失败的经验又加剧了这一恶性循环。

图 以知循环[①]

从图中可以看出,我们无法改变过往的经历,所以打破这个循环的关键节点在于改变自己的想法与观念,这正是陈雨菲所做的努力。

屡战屡败的经历,负面芜杂的评论,让她逐渐丧失了部分信心和勇气,开始产生一种念头:自己无法走出困境,再次获

[①] 艾玛·玛德琳. 走出舒适区[M]. 王胜男,译. 北京:中国友谊出版公司,2020: 109.

得比赛胜利。但她并没有接受"亚军魔咒"的想法,试图打破无缘冠军的观念,通过与自己对话的方式,不断为自己加油打气:"再坚持一下、再勇敢一点或许就能看到光亮了。"她坚信自己能够通过持续的努力实现梦想,最终用积极的心态战胜了消沉和低迷,用内心的光明与希望战胜了现实的阴霾,克服了对失败的恐惧,突破自我,走向成功。

保持积极心态是如此之重要,因此我们应当乐观向上,心向光明,饱含希望,不陷入颓丧负面的情绪漩涡,不被恐惧消沉所裹挟。积极的心态,是我们实现人生目标的先决条件,是通往成功的道路上必不可少的辅助。

二、自律是积极心态的表现

我生待明日，万事成蹉跎。

——钱福

锻炼积极向上的心态，只是成功的一小步，将积极的心态化为自律的表现，才是迈出了通往成功的一大步。

"今日事今日毕"，这一句教诲一直回荡在我们耳畔。然而在生活中，随着我们年岁的增加，任务越来越多，时间越来越少，我们发现做到这一简单的要求竟逐渐变得困难。

在社会时间高度细分的当下，我们一边仔细计算着每一项工作所用的时长，一边肆无忌惮地用无关的事务填满自己的日程，并安慰自己这是有助于提高工作效率的适度放松。我们一边给自己安排了满满当当的计划，又一边安慰自己"今朝有酒今朝醉"，明天开始也不迟。然后在追剧、打游戏中消耗了一天又一天。

时下流行的"拖延症"(Procrastination)一词透露出现代人对拖延问题的焦虑。拖延症指的是非必要、后果有害的推迟行为。在学习生活中,拖延通常表现为在准备工作上花费过多的时间,投入过多的精力在替补方案上,以及喜欢把任务持续拖后,寄希望于尚未到来的明天。

拖延症为何成为我们的敌人? 首先,严重的拖延会影响到任务的完成。相信许多人都有过这样的经历,策划了很久的旅游却因拖到最后买不到飞机票而泡汤,准备了很久的项目由于最后一个部分迟迟未动工而错过提交时间。许多我们渴望完成、能够完成的事情最终都因自己的拖延功亏一篑。

其次,拖延会让我们产生焦虑、负罪感等负面情感。诚然,轻度的拖延并不会影响到任务的完成,但仍会影响我们任务完成过程中的心态。我们对任务的责任心加强了截止日期对我们的压力,只要任务不完成,压力就像难以驱散的梦魇一样困扰着我们。任务尚未完成的负罪感时时刻刻胁迫着我们:你这样做是不对的,你是一个懒惰而没有责任心的人。

那么,我们要如何与拖延症这一强大的敌人作战,成为一个真正自律的人呢?

 案例

2010 年前后,豆瓣"我们都是拖延症"小组召集组内成员先后翻译了《拖延心理学》与《拖延心理学 2:用拖延方程式战胜与生俱来的行为顽症》两本书,组内译场变成了通力合作击败拖延的试验田。在短短三个月,原先受拖延所困的译者们严肃而尽情扮演着"我们不拖延"的角色。参与其中的一位译者说:

"我平均每天留出两小时给这个任务,每周总是争取提前一两天交稿,这种有条不紊、心里有数的感觉对我们而言非常奢侈。我记住了这种感觉,以后也会常常用这种经历来提醒自己'做得到'。"①

三 阐述

在学习中,我们总会受到拖延的困扰。我们常常发现学生们等到临考前一天才"临时抱佛脚",作业无论提前多久布置,学生都选择在截止日期前一天匆匆赶完。

拖延已经成为学生,尤其高校学生的普遍情况。2019 年,中国高校传媒联盟面向全国 199 所高校进行问卷调查。97.12%的学生认为自己有或偶尔有"拖延症",27.03%认为拖延带来的最大后果是任务完成效率低,有 22.97%认为会耽误时间、工作或学业。②

---

① 皮尔斯·斯蒂尔. 拖延心理学 2:用拖延方程式战胜与生俱来的行为顽症[M]. 陶婧,周玥,曹媛媛,等译. 杭州:浙江人民出版社,2012:208.
② 刘俞希,毕若旭,程思 超 97%大学生被拖延症困扰[N]. 中国青年报,2019 - 04 - 22.

这种普遍存在的拖延对学生的学习生活造成了极大的影响，长期拖延带来的低成就感会使学生产生焦虑、沮丧等负面情绪，严重影响学生的自信心和自我效能感。如何战胜拖延已经成为亟待解决的问题。

　　我们常常将拖延视为懒惰的一种，相信通过紧逼自己、责骂自己就可以改善拖延，结果却是在一次次自责后又无法得到改善的循环中逐渐对自己丧失了信心，对自己的拖延行为产生自我麻痹，乃至接受了自己就是一个懒惰的、失败的人。

　　加拿大卡尔顿大学的蒂姆·皮基尔、英国谢菲尔德大学的富希亚·西罗伊斯等专家提出，拖延是情绪管理的问题，而不是我们的时间管理问题。因此，我们首先要做的是不被学习拖延拽入自我怀疑的情绪漩涡。拖延不是我们的错，但无论如何，我们都要处理自己跟拖延行为之间的关系。

　　"知己知彼，百战不殆。"要战胜拖延，我们首先要了解拖延的原因，以及它为何会如梦魇一般驱之不散。

　　造成学习上的拖延行为的因素有很多，如目标是否明确、计划是否周全、以及工作环境是否充满诱惑等。但不论细节因素如何不同，几乎所有的学习拖延行动都存在于一个共同的情境：你正在面对一项复杂且棘手的工作。拖延的本质，其实就是人们在面对一件恐惧的事情时产生的一种逃避心理。

　　能否完成任务的恐惧会带来拖延。将拖延作为任务失败的借口来掩饰自己的能力不足，是导致拖延行为的一种原因。例如备考的考生，越邻近考试反而越放纵自己。若最终考试失败了,就以"我只是拖延过头了,并不是能力不够"为借口安慰自己,以此来减轻失败带来的心理伤害。

这种现象被心理学家称为"自我妨碍",指的是故意给自己制造障碍以摆脱失败带来的责任。自我妨碍虽然短期内能够减少任务失败带来的焦虑,但本质上仍是一种逃避行为。长期的自我妨碍会使我们活在自己构建的谎言当中,一次又一次地重复"拖延—失败—再拖延"的恶性循环。

除了"自我妨碍",对任务能否成功完成的恐惧也会导致拖延。许多研究都认为,强迫性人格也容易引起拖延。① 这是由于完美主义人格常常把事情看得过于重大,以至于难以着手行动。即使开始行动,即便他人看来已大功告成,他们对完美的过度追求也会使他们陷入长久的鏖战中,迟迟不能收工。例如我们常常因为过度准备而迟迟无法正式开始项目,或因为对某个部分的过度打磨而未能在截止期限前完成成品。

拖延是一种倾向,但并不是不可避免的。战胜拖延症并不意味着消灭拖延,而是如何化敌为友,和拖延和平共处。

巧妙地抵制诱惑有利于我们战胜拖延乃至利用拖延。心理学研究结果显示,人普遍有一种"现时偏向型偏好"的倾向,简单来说就是光顾眼前利益而忘记长远计划。即时的快乐比付出代价换取长久快乐更能吸引我们。因为即时的快乐是具体的、稳定的、易于想象的,而为了一个遥远的目标而努力来

---

① 訾非.感受的分析:完美主义与强迫性人格的心理咨询与治疗[M].北京:中央编译出版社,2017:244.

换取未来的快乐则显得抽象且渺茫。

朱子理学说"存天理,去人欲",佛学也强调"六根清净"。这些话语对我们而言耳熟能详,其意义也被简化:只要不去想诱惑我们的事物,就能够不受诱惑,修成正道。所以长期以来,面对诱惑,我们的第一反应是增强自己的意志力,将它们彻底屏蔽或遗忘。

讽刺的是,你越是积极地压制你的想法,这些念头就越活跃。心理学上有个著名的概念叫"弗洛伊德式口误"。弗洛伊德认为,一个人平时不经意间出现的口误体现了其潜意识的真实想法。试图去压制一个创伤或诱惑,反而会导致可怕的想法浮出水面。[①]

所以,最好的方法是物理上的革除。如果我们无法抵御某一种诱惑,就选择让这种诱惑消失在我们的工作环境中。当下十分流行的 Forest 软件便是如此:如果我们不能抵抗手机的诱惑,我们就让它变成一个毫无用处的"板砖"。没了诱惑,就没有了即时满足的来源,为了未来快乐的工作自然成了我们最有动力去做的一件事。

利用完成其他任务带来的成就感树立自信也有利于我们改善拖延。约翰·佩里曾提出一种"结构化拖延法"[②]。约

---

① 威廉·詹金斯.解析西格蒙德·弗洛伊德《梦的解析》[M].张和龙,译.上海:上海外语教育出版社,2019:64.
② 约翰·佩里.拖拉一点也无妨:跟斯坦福萌教授学高效拖延术[M].苏西,译.杭州:浙江大学出版社,2013:36.

翰·佩里本人常常为拖延所困扰，他在高频率的拖延行为中发现了一个规律：在较为重大复杂的任务出现时，计划列表上已有的任务就变得简单了。既然大脑已经习惯于优先做简单的事，那就把重大的任务拖延，先完成简单的任务。

这一方法并没有将拖延赶出我们的生活，但却在一定程度上挽救了拖延带来的危害，使我们完成了更多的任务。更重要的是，在完成一个个小任务时，我们的成就感会逐渐增加。如上文所说，很多时候我们的拖延并非因为能力不足，而是因为对任务的恐惧。当我们通过一个个小任务增加了自我效能感，我们会记得这种完成任务的成就感，并渴望更多。如此一来，我们便有了面对复杂任务的信心。如同案例里豆瓣"我们都是拖延症"小组的译者所说，即使每天只是花两个小时完成这个小小的任务，他们也从中获得了珍贵的成就感，并在未来的行动中时时刻刻提醒自己"我能行"。

拖延是人性的一部分，但克服人性的弱点是我们永恒的使命与追求。战胜"拖延症"，实际上要求我们从心态上做出调整。我们要尊重情绪的起落，在与拖延无数次交手后学会如何驯服它，从而奔向自己想要的生活；我们也要严于律己，以自律的标准要求自己，建立有序的生活，从而达成我们的目标，迈向成功。

自律是积极心态的重要体现。只有把积极的心态化为自律的精神，将乐观向上的心态转化为自律的行为表现，才能缩短我们与成功之间的距离，最终取得成功的勋章。

三、焦虑只会消耗你的力量

学到很多东西的诀窍，就是一下子不要学很多。

——洛克

在互联网社群无比发达的今天，我们常常因他人的行动力之高而焦虑。随手翻翻朋友圈，就能看到自己尚未开始的任务他人已经完成，或是自己计划已久却未成行的旅行目的地已被他人抢先踏足。在羡慕嫉妒之余，总有一丝焦虑萦绕在我们心头——大家都是行动力高的成功人士，只有自己前进的步子缓慢，稍不注意就要落后于他人。

焦虑现象的普遍性，从在校学生的表现便可见一斑。在《认知觉醒》一书中，作者写到，在前来咨询的读者中，很多大学生都表示自己很难静下心来学习。当问及他们的目标时，一位大二女生说，她想在短时间内同时学习雄辩术、逻辑学、

修辞学、哲学、认知神经科学、教育神经科学、英语、德语、希伯来语、日语、人工智能,还有精神医学……①

类似的,许多人希望利用假期或空闲时间提升自己,于是把日程安排得满满当当,期待着自己能以极强的行动力样样完美地完成,结果每次都是"理想很丰满,现实很骨感",不仅实现不了目标,反而因过度焦虑而一事无成。

归结起来,焦虑背后的原因其实就是想同时做很多事,又想立即看到效果。这种野心和欲望之所以会产生,是因为我们天然地对成功和效率有所向往。只是当对行动力高的苛求达到了一个病态的、不现实的程度时,焦虑就会找上门。

所以,我们没有必要因此自责或愧疚,也没有必要与天性较劲,而应想办法看清背后的机理并设法改变。

 案例

《见识》的作者吴军曾说:

"很多人认为我是个善于利用时间的高手,问我如何才能同时做更多的事情。事实上,我做事的诀窍恰恰和大家想的相反,就是少做事,甚至不做事。我时常站在一生的高度去审视自己真正要做的是什么,然后打破思维定式,拒绝所有那些即使不去做天也不会塌下来的事情。"②

---

① 周岭. 认知觉醒[M]. 北京:人民邮电出版社,2020:86.
② 吴军. 见识[M]. 北京:中信出版社,2018:176.

阐述

卢梭说:"我们的痛苦正是产生于我们的愿望和能力的不相称。"①欲望与能力之间的巨大鸿沟造成了我们的焦虑。

欲望与能力的矛盾在当今社会显得越来越突出。现代社会中出现了大量钟表、时间表、日历、计时器等各种测量和指示时间流逝的仪表,时钟显示的时间在现代社会发挥着独特作用。人们按照统一明确的时间进行生产生活。这使时间成为一种独立的资源,可以被节省、消耗和部署。也正是因为时间成为一种资源,我们对高效率的追求达到了前所未有的程度。

我们总会期望自己能够成为一个"三心二用"、雷厉风行的"超人"。为了实现这一目标,我们强迫自己在边吃饭时边看书,边听英文广播边做题,争取成为一个"高效利用时间"的人。

"心灵鸡汤"在此时也会出来为我们"打鸡血"。在阅读完那些让你自我感觉良好的鸡汤散文后,你也许会在短时间内感觉充满动力。但"鸡血"的作用终究是有限的,当我们发现自己的努力无法短时间达成"鸡汤文"的愿景时,焦虑便会席卷而来。

残酷的事实是,世上根本就不存在"超人"。急于成为"超

① 让-雅克·卢梭.爱弥儿[M].王媛,译.北京:中国妇女出版社,2018:97.

人"只会给我们徒增焦虑。更残酷的是,当我们因认为自己行动力过低而陷入焦虑时,焦虑会反过来降低我们的行动力。

心理学家提出了心智带宽(Mental Bandwidth)这一概念。心智带宽指的就是心智的容量,它支撑着人的认知力、行动力和自控力。当一个人同时面临很多任务的时候,他的心智带宽就会降低,反而没有了行动力和自控力。[①] 我们不断在各个任务中间切换时,实际上消耗了我们的注意力,使我们处在一种认知负荷的状态,削弱了我们的自控力。

过分追求行动力会带来焦虑,"躺平"拒绝行动又会导致停滞不前,我们该如何才能找到二者之间的平衡点呢?

首先,我们应当承认并接受这一事实:人不是超人,人的行动力不是无限的。我们精力的强弱一定程度上限制了我们行动力的上限。我们可以把大脑想象成一台以精力为能源的工作机器,执行每一项任务时大脑都会根据任务的难易程度分配精力。而我们精力是有限的,当我们的精力不足以支撑行动时,我们就会感到焦虑和力不从心。如丹尼尔·戈尔曼在《专注力》一书中所说:"效率下降、注意力分散、烦躁不安等精神疲劳迹象的出现,说明用来保持注意力的脑力已经耗尽了供给神经能量的葡萄糖。"[②]

所以,在制订计划时,我们应根据个人的情况适当地调整

---

① 周岭. 认知觉醒[M]. 北京:人民邮电出版社,2020:108.
② 丹尼尔·戈尔曼,埃伦·兰格,等.专注力[M].赵亚男,赵龙飞,译.北京:中信出版社,2019:36.

我们的计划与目标，而不是一味地追赶和逞强。例如自习时，我们常常因同桌早早完成作业并开始进行课外阅读而感到焦虑。时间已晚，一个字没动的自己也想在这个晚上既完成作业，又进行课外拓展。立下这样的目标后，我们带着期望加紧学习，却多半在最后失败，只能任凭失望淹没自己。

与其以别人为标准，不如静下心来想想：我还有多少时间，我已经给自己安排了多少任务。更低的期望值能够使我们带着更小的压力开始行动，进入状态后，说不定还能获得超出预期的结果。

当我们走出"想同时做很多事"的误区，接下来就要纠正"想立即看到效果"的观念。

很多人做事时总会急于求成。他们希望只读几本书就能学富五车，坚持十天就能养成一个好习惯，多做几个俯卧撑就能变瘦，读完一篇心灵鸡汤就能立即开启人生新篇章。

心理学家将不合常理的过分乐观称为"虚妄企盼综合征"。许多人在自我改变之前预设了一系列关于自我改变的美好前景：相信自我改变将会从根本上转变他们的形象。然而，对自我改变的过度确信会导致人们设定不切实际的目标，产生脱离现实的期待。如果一个人认为自己能够轻易且迅速地做出巨大的改变，他往往更容易产生挫败感与焦虑感，因而难以取得成功。

而且，虚妄的企盼往往会进一步加剧我们的焦虑感。正如我们常说的，"期望越大，失望越大"。由于不切实际的期盼而导致的失败，会让我们更加缺乏自信，甚至彻底否认我们仍有改变自我、开始行动的可能性。被挫败感冲昏头脑的我们常常会忽略实际情况：不是我们无法做到，而是那些现阶段无法企及的目标，我们暂时没有能力达成。

所以，我们应当深信，进步和改变都是一个循序渐进的过程，不可操之过急。在婴儿时期，学走路的孩子总是跌跌撞撞，但从不因为自己学不会走路而焦虑——因为他们相信虽然需要很多的时间，但是总能学成。

《论语》说"欲速则不达"。学习也是同样的道理。我们不能期待着每天多做一道题就能把数学考试分数从 60 分提高到 100 分，也不能强硬要求自己一定在一天内从一个长期拖延的人变为百分百的行动达人。"知人者智，自知者明"，我们应该对自己有一个更清晰的认知，与自己和解，给自己更多的耐心。

正因我们的行动力是有限的，用于培养新习惯的时间也是有限的，我们应当把行动力用在刀刃上。如案例中所说，真正善于行动的人不是事事都做，而是只做自己真正需要、的确紧要的事。每天事务繁忙并不一定代表充实，每天都努力也不一定代表勤奋。订立合理的目标，意味着关注发自内心的渴望，立足长远，保持耐心。

然而我们很容易发现，那些真正重要的事情，如锻炼、学习、陪伴家人都是一些抽象而宽泛的目标。即使我们决意把行动力用在刀刃上，依然无从下手。在《微习惯》一书中作者提出了制定"微习惯"的方法。"微习惯"指的是极其微小的习惯,如每天做一个俯卧撑,每天写 50 个字。作者认为,制定微习惯能够帮助我们缓解焦虑,提高行动力。[①]

首先,微习惯能够让我们快速地摆脱焦虑,行动起来。微习惯之所以微小,是为了减轻我们的压力,让我们丢掉精神包袱、轻装上阵。许多时候,我们并非没有抓住最佳时机,以最佳状态开始行动,而只是因为过度焦虑迟迟无法开启行动之旅。而微习惯的养成,则不会对我们的意志力造成挑战,能够让我们快速地开始行动。

其次,微习惯能够提高我们的自我效能感。自我效能感指的是我们对自己影响事件结果能力的信念。自我效能感高的人对自己能够完成某事,或对自身能够做出某种改变充满信心,往往更容易成功。而自我效能感低的人则往往对自己的未来不抱信心,由于认定自己注定会失败而放弃努力。

微习惯中订立的每一个目标并不宏大,我们所有人都有能力完成。虽然拆解开来的每一项任务并不算艰巨,但完成任务带来的成就感并没有减少。就算只是阅读书中的一章,又或做一道数学题,我们也比昨天进步了一些,更加接近成功。在这一次次"训练"中,我们的自我效能感和意志力都能得到提高。甚至会带来附加效果:当我们进入行动状态,沉浸其中时,有可能会完成比预期更多的工作。

---

① 斯蒂芬·盖斯. 微习惯:简单到不可能失败的自我管理法则[M]. 桂君,译. 南昌:江西人民出版社,2016:118.

　　最终，一个真实的、自主的人，追求的是能够完全自我接纳的生活，而不是只接受部分自我的生活。对自我欲望和情绪过度地管束，对自己的生活吹毛求疵，追求完美，其实并不健康，也不会让你更快乐。想要摆脱焦虑心态带来的困扰，最重要的是改变思维方式，悦纳自己，时时叩问内心的自己：你要追求的是怎样的人生？

四、乐观是射向成功的一道光

卓越不是单一的举动，而是习惯。

——亚里士多德

"这一次，我又没能坚持下来。"

这句话对我们每个人来说都无比熟悉。它可能出现在我们立志每天读书一小时的第三天，或是决心天天去健身房的第五天。每次，我们都带着满满的热忱开始我们的计划，最后却总是虎头蛇尾，只能哀叹一句："这一次，我又没能坚持下来。"

每个人在收获成长、取得进步的时候，都会遇到"循环怪圈"：起初我们干劲十足，到了计划执行的中间阶段时，总有突发情况出现，打断我们的良好状态；而好不容易看到终点了，却因为过程中的消耗而放弃，功亏一篑。过了一段时间，待失败带来的挫败消退后，我们又准备回到起点重新开始。

从充满激情地开始，到手忙脚乱地维持努力，再到最后不了了之地结束，我们似乎陷入了一种死循环。每当我们站在当下回望，我们就会发现，似乎我们无时无刻不在努力，结果却只是在原地踏步而已。我们持续开始、持续放弃，却完全没有注意到自己一直困于"循环怪圈"当中，就像环形轨道上的列车，无法奔赴远方也无法越轨逃离。

孔子说："吾十有五而志于学，三十而立，四十而不惑，五十而知天命，六十而耳顺，七十而从心所欲，不逾矩。"随着年岁的增加，我们的学识和经历应当更广阔。然而，对于陷入"循环怪圈"的我们来说，时间的流逝非但没有让我们越活越自如，反而让我们越活越困惑，越活越压抑。

出现这个现象的重要原因在于，我们一直在"持续开始——持续放弃"中反复挣扎。在过去很长的一段时间内，我们一直在"循环怪圈"内搞低水平重复建设，没有实现成长复利。行动力没有真正地为我们所用，而只是在任务的开头唤醒了我们的行动力，并没有让它成为我们的习惯，成为一种自然的行动方式。

为什么一件事情，别人可以持续做下去，我却不可以？为什么我总是放弃做一件事情，哪怕我明明知道坚持很重要？

 案例

叔本华在《人生的智慧》中写道："享受无尽快乐的人的生活方式有两种：个人生活和理智生活。理智生活逐渐会成为他们最终的生活方式,个人生活只是作为理智生活的途径而已。当然,俗人会把肤浅、空虚又痛苦的生活当成最终的状态,无法转换到另一种生活中去。精神强大的人比起其他人更喜爱理智生活。随着阅历和学问的增长,这种理智生活如同一件渐渐成形的艺术品,趋向于拥有协调、连贯等特性,越来越完善和统一;比起这种理智生活,只贪图个人安逸的人生只有广度,而无深度,显得那么卑微和可怜。"①

 阐述

在这一整章中,我们都在讨论如何应对心理的种种弱点。当我们克服一重又一重难关之后,我们终究会发现,这场"心理战"是我们与自己的战斗:我们要用我们的理性驯服弱点,让其为我所用,最终过上一种理智而协调的生活。

这很容易让我们联想起人类发现、利用火的过程。人类最早发现火的时候,对这一危险而美丽的存在充满恐惧,甚至将其奉为神灵。但最终人类驾驭了火,我们学会了用火来取暖、烹饪、驱赶凶猛的动物。即便火对于人类的生命是永恒的威胁,但只要我们学会了如何使用火,就能与火和平共处,点燃文明之光。同样,我们也能够驯服在持续行动中桀骜不驯

---

① 阿图尔·叔本华. 人生的智慧[M]. 梁玉梅,译. 北京:现代出版社,2020:185.

的情绪,形成一种正向的良性循环,为成长和进步提供动力。

首先,我们要在脑海中播下行动的种子。苏格拉底说最高的智慧是"认识你自己",陆王心学也强调"内省"的力量。就像我们自己推演过一遍的数学公式,总是比死记硬背的记得更牢,从脑海中自己生长出来的想法,一定比灌输进大脑里的更加生动鲜活。前者是灵动的,能够使我们的认知更有生命力;而后者是僵化死板的,是"表面工程"。

例如当下十分流行的朋友圈打卡。每天朋友圈都能看到许多"阅读打卡""背单词打卡"的分享,但实际完成情况却被隐藏在了光鲜亮丽的打卡文案之下。起初,我们是真心为了利用社交媒体约束自己而采取打卡的模式。然而随着时间的推移,我们发现打卡越来越频繁,实际完成任务的态度却越来越敷衍。

这是由于打卡的快乐来源并非是完成任务的成就感,而是满足了我们受到他人称赞和关注的虚荣心。我们的注意力逐渐从成为更好的自己转变到为自己贴上一个"勤奋"的标签上来。不想投入时间,却想得到结果,不想付出努力,却想体验成功的感觉。

如何才能在脑海里播下行动的种子?答案是通过真正的行动。"纸上得来终觉浅,绝知此事要躬行",没有真正地行动过,就无法理解行动为何是一件重要、有益且愉悦的事。《持续行动》一书中提出的方法是:确保每天有一个小时不受任何人打扰的时间来做自己想做的事。一个小时似乎很短,但也足够让我们感受到行动带来的快乐——对生活的把控感。[①]

把这一小时利用起来后,我们就会发现,因为要提前起床,晚上睡得早了,不容易失眠了;由于起得早,上午能够被利用的时间比以前更多了,所以一天的工作产量提高了。如同"蝴蝶效应",一件小小的行动牵引出了一系列益处。我们会有一种微妙的兴奋感,有助于你保持一天的好心情。

当我们尝到行动的甜头后,我们应保持行动的节奏以形成一种习惯。我们常常会说:"只休息一天,明天就继续,不要紧的",然而一个休息带来了一连串的休息,整个计划也因此不了了之了。物理上有"惯性"的概念,指的是物体在不受力的情况下,保持原来运动状态的性质。我们的行动也带有"惯性",当我们停止时,我们打破了一直以来努力维持的行动节奏,"惯性"使我们无法快速从停下的状态中抽身,从而使过去坚持的努力都付诸东流。

我们过去常常认为每天坚持是过于顽固的苛求,但每天坚持其实是保持行动节奏的必要条件。当我们停止行动时,我们会快速地松懈下来,失去对时间的感觉。这也是我们之所以每逢长假必患上假期综合征的原因之一。当我们对时间的认知变得模糊,我们就没有了能够把控行动的尺度。例如,原本的计划是一天读一小时书,经过一次中断,就变成两天一次、三天一次、五天一次……如此一来,计划很快就会崩塌。

---

① Scalers. 持续行动:从想到到做到[M]. 北京:中信出版社,2019:67.

最好的方式是让行为契合我们的作息。以读书为例，我们每天都必须睡觉，每天都必须醒来，要么我醒来马上读，要么我读完赶紧睡。这样一来，我们的行动自然地被安排进了每日的日程，只要紧扣自然的作息节奏，持续行动的成功概率就大幅提升了。一旦保持行动节奏，持续行动对我们就不再是一项不可能完成的任务。

在保持行动节奏之后，我们就踏上了正轨。行动本身带来的成就感会源源不断地给予我们动力，帮助我们形成良性循环，最终行进于成功螺旋之上，过上如同叔本华所说的"理智而协调"的生活。

我们获得正面的反馈时，会倾向于加大投入，加快获得反馈的速度。就像看到一只股票持续上涨时，人们投资股市的意愿会增强，正面反馈是会不断加强的。而且当正面反馈持续加强时，我们会自然地加大投入。如自己购买的股票上涨时，我们就会对股市更加乐观，投入更多的资金。

将这一原理放到持续行动中也同样适用。养成持续行动的习惯，会让我们相信：我们能够对自我及生活做出积极的改变，成就感会增强我们的信心，使我们勇于尝试去做更多的事情。

更重要的是，形成持续行动的良性循环有助于我们打开格局，走得更远。《持续行动》一书中提出，"持续"的难度体现在"状态持续"和"时间持续"两个方面。"状态持续"是你能持续保持一种怎样的状态，"时间持续"是你能保持某个状态多长时间。在此基础上，作者提出了一个公式："状态持续"×"时间持续"＝"大格局大尺度"。[①] 这说明一项任务对状态的要求越高，时间持续越久，就越有可能是一件重大的任务。

有许多梦想我们过去认为遥不可及，例如成为科学家、成为艺术家，或成为某个行业的领军人物。但从这一公式的角度看，所需要的不过是长时间保持奋斗的状态。原本遥不可及的梦想与我们的生活就此构建了联系——如果能坚持对持续行动的训练，获得成功不过是时间问题。有了这样大尺度、大格局的认知框架，我们会发现自己的每一个梦想都不是空想，每一次努力都非同寻常。

成功等待着每一位行动的人，让我们脚踏实地，告别拖延，远离焦虑，调整心态，以积极的态度重新出发，以乐观的精神扬帆起航。

① Scalers. 持续行动：从想到到做到[M]. 北京：中信出版社，2019：89.

第六篇

成功属于思想者

一、批判性思维增加你生命的力度

> 我步入丛林，因为我希望生活得有意义，我希望活得深刻，汲取生命中所有的精华，把非生命的一切都击溃，以免让我在生命终结时，发现自己从来没有活过。
>
> ——梭罗

早在先秦，孔子就指出了思考的重要性。《论语》中记载："君子有九思：视思明，听思聪，色思温，貌思恭，言思忠，事思敬，疑思问，忿思难，见得思义。"意思是说，君子有九个方面需要思考的：看的时候要思考看清楚了没有，听的时候要思考听明白了没有，与人相处时要思考脸色是否温和，为人处世时要思考态度是否恭敬，说话时要思考是否忠诚，做事时要思考是否敬业认真，有了疑问要思考怎样向人请教，遇事发怒时要思考带来的后果，有利可得时要思考是否正当。可见思考的重要。王夫之说:"学愈博则思愈远","思之困则学必勤"。① 意思是说,学习的知识越广博,思考的问题就越广泛;如果思路被困住了,就需要更多更勤奋地学习。可见学与思互相推动,互相促进,任何一方都不能偏废。学习是为了思想的打开,在广泛的阅读中发现新知,不受己蔽。思考则是创新的种子,是为了不徇古人之陈迹,不成为他人思想的囚徒,不受他蔽。

未经思考的知识宛如封存于瓶中的水,而思考则像开启水瓶的起子。只有通过切实的思考,才能使"瓶中之水"奔流而出,让知识与我们的生命共振。叶圣陶先生有一个著名的"瓶子比喻":"瓶子是装东西的,东西装在瓶子里,东西自东西,瓶子自瓶子,不起什么混合作用或是化合作用。两种作用都不起,还有什么旁的作用呢? 必须使所学的东西融化在学生的思想、感情、行动里,学生的思想、感情、行动确实受到所学的东西的影响,才算真正有了成效。"②

纵观古今中外,思考都被视作获得新知的先决条件。无论是孔子之"不愤不启,不悱不发",还是苏格拉底"助产士式"的诘问教育法,都在寻求师生双方共同通过"自由地思索"获得新的启发。同时我们也能从中看出,古代先哲们没有选择机械地将知识灌输给学生,而是鼓励学生自由、独立地思考。通过对每个问题或学说的反复诘问,教导学生不要盲从与轻信现有的知识体系,而是要从问题本身出发,从旧知中找寻新

---

① 王夫之.四书训义[M].长沙:岳麓书社,2011:237.
② 叶圣陶.叶圣陶散文[M].上海:东方出版中心,2020:47.

问题。

这一思考模式被后人总结为批判性思维。批判性思维不是天生的,而是后天习得、需要反复练习的一种能力。正如大儒程颢、程颐所说的,思考宛如"掘井","人思虑,始皆溷浊,久自明快"①。人人都有思考能力,但不是人人都能问出有意义的问题。人人都有意见,但不是所有的见解都是理性思考的产物。"思考"和"空想"之间,往往只有一步之遥。有的人自以为在"独立思考",其实可能只是在"独立瞎想"。

在这个人人皆可发声的互联网时代,发布于各种社交媒体的言论往往以获得关注与认同为第一要义,言论日趋极化,倾向于用夸张的语气、过度的抒情压倒理性的思考乃至基本的常识。这种修辞的泛滥使得信息的接收者更容易被放大的情感煽动,甚至做出错误的判断。因此,我们更呼唤着真正的"批判性思维",呼唤着理性的慎思与公允、呼唤着对真理与良知的执着追寻。那么,究竟什么是有质量的思考? 什么是"真正有意义的问题?"

哲学家叔本华在《论思考》中如此写道:

"那些把一生都花在阅读并从书籍中汲取智慧的人,就好比熟读各种游记以细致了解某一处地方。熟读某一

---

① 程颢,程颐. 二程集[M].武汉:湖北人民出版社,2018:334.

处地方游记的人可以给我们提供很多关于这一处地方的情况，但归根到底，他对于这一处地方的实质情况并没有连贯、清晰和透彻的了解。相比之下，那些把时间花在思考上的人，却好比亲身到过这一处地方的游客；只有他们才真正懂得自己说的是什么；对于那一处地方的事情他们有一连贯的了解，谈论起这些事情的时候他们才真正是如数家珍。"①

 阐述

在《学会提问》一书中，尼尔·布朗和斯图尔特·基利区分了两种思维方式："海绵式思维"和"淘金式思维"②。"海绵式思维者"的头脑就像放入水中的海绵：他们孜孜以求地吸收知识，涉猎广泛，但并不精通。他们对大多数话题都有话可讲，却无法深入下去。这是因为他们过于强调知识的获取，而忽略了对知识的思索与反刍。如果一个人始终依赖这种思维方式，那么他们读的是什么，就会相信什么。

与之形成鲜明对比的就是"淘金式思维"，它最大的特点就是互动性参与。淘金式思维的读者不是被动的接收者，而是始终积极主动地与知识对话。他们往往会带着问题进入文

---

① 叔本华. 叔本华美学随笔[M]. 韦启昌，译. 上海：上海人民出版社，2014：67.
② 尼尔·布朗，斯图尔特·基利. 学会提问[M]. 许蔚翰，吴礼敬，译. 北京：机械工业出版社，2021：86.

本。在阅读时,他们会思索作者的观点是否合理,文中的论据是否客观可靠。最后,他们会反思文中的内容是否有助于他们解决开始的问题、帮助他们形成一个结论。

具有"海绵式思维"的人就像案例中叔本华所提到的游览各地,却没能形成对当地的清晰认知的旅游者。而具有"淘金式思维"的人则像经过思考而对当地有了透彻了解的人。可以说,具有"淘金式思维"的读者是一个掌握批判性思维方法的真正的思考者。

批判性思维的第一个要求,就在于放弃对他人头脑的依赖。拒绝盲从,拒绝懒惰。"海绵式思维"和"淘金式思维"的核心区别,就在于读者究竟是被动的接受者,还是主动的思考者。思考的主体是自己,无论是教师、朋友,还是书籍,都只能从旁启发,无法进入你的思维活动里。思考牢牢地钉在主动性上。它必然是一件劳心劳力的事情,它要求你时时刻刻的参与、提问、思索。唯有主动参与、主动淘炼,才能挖到思想的"金"。

然而,主动思考仅仅是学会思考的第一步。主动思考意味着对于某一事件、某个论断,我们不会再轻易地盲从他人的观点,而是利用他人的材料形成属于自己的看法和见解。但对于一个成熟的思考者,这还远远不够。我们主动思考得出的第一结果往往没有我们所想象的那般清楚、明白。因此,批判性思维中要求的对于自我想法的反思就显得愈加重要。批判性思维不止是一种思维方式,更是一种思维训练,它要求我们反思自己的想法,也即"思考我们的思考"。当我们在评估一段推理是否合理时,我们就是在进行批判性思维。

那么,"批判"的标准是什么?

教育资助委员会的大学学习评估工程(CLA)曾列出"批判性思维"的二十一点要求①,其中包含判断信息是否恰当、区分事实和意见、识别证据的不足、洞察论证的陷阱和漏洞、避免言过其实的结论、有序地呈现增强说服力的证据、采取行动时考虑所有利益相关的主体等。

总而言之,思考的本质是在相关论据的基础上、经过合理而严谨的证明、形成一个结论的过程。因此,我们可以说,"批判"的标准是所依据事实是否为真,论证过程是否符合逻辑。即我们可以从两个方面来评估我们的思考:真假和逻辑。

从真假角度,我们需要质疑我们的论据是否为真实的。我们的信息来源可靠吗?我们是否搜集到了尽可能充足的论据?当出现与我们的论据冲突的信息时,现有的结论是否可以做出尽可能合理的解释?这些都是我们在考察论证的真假时必须问出的问题。如果我们刻意忽略那些与结论相冲突的信息、只选择有利于结论的证据,就很容易陷入思维的盲区,只是一种取巧,算不得真正严谨有价值的思考。

从逻辑角度,每一段论证都可以分为两个部分:前提(或者说论据)和结论。我们需要确定我们的论据是否足以支持

---

① 格雷戈里·巴沙姆,威廉·欧文,亨利·纳尔多内,等. 批判性思维[M]. 舒静,译. 北京:外语教学与研究出版社,2019:78.

结论，同时，我们也要考察给定的命题是一个演绎证明还是非演绎支持。演绎证明和非演绎支持是推理的两种类型。演绎论证是指那些如果前提为真、结论就必然为真的论证。比如说，前提是"A 比 B 大，B 比 C 大"，结论是"A 比 C 大"，这个论证在任何条件下都是真的，科学定理的证明就以演绎论证为主。

非演绎支持则并非如此，非演绎推理只有"强""弱"之分，没有确凿无疑的"真"和"假"。比如，已知"凶器上有小明的指纹"，小明虽然嫌疑很大，但我们不能断定说小明就是罪犯。因此，在习惯法的判决体系中，最高的证明标准就是"排除合理怀疑"，也就是福尔摩斯们所说的："排除一切不可能的，剩下的即使再不可能，那也是真相。"

"论据真实"与"逻辑合理"是批判性思考的基本要求。"真"的问题看似一目了然，但我们对"何为真"和"何为知识"的追寻已经历了千年。非演绎推理虽然并不像演绎推理那样有确凿的答案，但我们可以发现，生活中大多数的论证都是非演绎支持。我们无法根据论据得到确真的结论，而只能尽可能地迫近真实。而且，生活中的事件往往芜杂而混乱，各种知识、经验、本能、道德、情感都会干扰我们的判断。

这可能听上去让人有点灰心，但即使我们无法找到那个唯一确定的答案，我们也能寻求对问题的"最佳解释推理"（也称 IBE, inference to the best explanation），它往往是那些提出最少不必要前提、与目前已知的其他解释冲突最少、能够最充分的解释现象且具有精确预测力的解释。它的要求是解释力、预测力、一致性和简单性。① 而"最佳解释推理"并非一成不变，而是在历经一轮又一轮的反思与独立思考后不断地完善自身，从而越来越接近"真理"。

正是因为批判性思维对反思与独立思考能力的强调，才使得思考的力量得以延续，得以引领人类一步步探索无穷世界中的万千现象。想想日心说和地心说的故事吧！在人类的探测器离开地球之前，对于天体的位置和轨道，我们无法找到准确答案。但是，从地心说到日心说，从特创论、神创论到进化论，人类的思想力让我们提出一个又一个的"最佳解释推理"，一步步迫近世界和宇宙的真相，这正是思考的力量。也正是通过不断地思考，人类才得以探寻宇宙的真相，可以用有限的生命实现永恒的价值。

虽然每个人的人生目标各有分别，对"成功"的定义也不尽相同，但批判性思维与持续的思考无疑是推动我们在人生旅途中不断前进的重要动力，是使我们的生命更有力量的关键品格。

---

① 格雷戈里·巴沙姆，威廉·欧文，亨利·纳尔多内，等. 批判性思维[M]. 舒静，译. 北京：外语教学与研究出版社，2019：237.

二、思考，博采众家之长

多见者博，多闻者知，距谏者塞，专己者孤。

——桓宽

古来学人无不重视博学的重要性。

《礼记》中的"博学之，审问之，慎思之，明辨之"，便以"博学"为先，先有博大，后有精深。理学家朱熹说："天地万物之理，修己治人之方，皆所当学。"[①]无论是天地运行的法则，还是修养自身的学问，都应广泛涉猎。

古代的知识分子往往兼具多重身份，不仅自小修习礼、乐、射、御、书、数，成年后也广泛涉猎文学、音乐、天文、地理等学科。他们是文化的传承者，也是文化的捍卫者，肩负着"为天地立心，为生民立命，为往圣继绝学，为万世开太平"的历史

---

① 张伯行. 朱子语类辑略［M］. 上海：商务印书馆，1936：137.

责任,自然要研综古今、博通百家,才能"其体既无所不具,故其用自无所不周。大之可以任经纶匡济之业,小之可以理钱谷甲兵之事,守常达变,无往不宜"①。魏晋南北朝就是一个以"博涉"为贵的时代,士人们不仅通晓文学、绘画,亦精通医学、雕塑、音乐等多个领域。《晋书》中光是以"博学"形容的人物,便有四十三位之多:何嵩"博观坟籍,尤善《史》《汉》",精通文学与史学;杜夷虽以儒学著称,却又擅长算历、图纬;戴逵更是"少博学,好谈论,善属文,能鼓琴,工书画,其余巧艺靡不毕综"②。

　　这与我国的文化传统有很大关系。在战国时期,我国文化中天、地、人相贯通的有意义的整体宇宙架构就已形成。在这个世界观之中,宇宙是一个和谐的整体,天神、地祇、人鬼的世界相互交织,人可以遵循世界的规律趋吉避凶。③"文"一字原意为"事物表面的纹路",但也可指"经纬天地""国之礼法""古之遗文""书名、文辞""文德""华饰"等。④"宫""商"泛指五音,也指代着君臣关系与礼乐制度。由此看来,古人已经开始重视知识之间的融会贯通,并将博采众长作为评价优秀人才的标准。

　　无独有偶,西方著名思想家培根在他的散文《论读书》中

---

① 张居正. 张居正直解《论语》《大学》《中庸》[M]. 北京:中国言实出版社,2017:35.
② 房玄龄. 晋书[M]. 上海:大光书局,1936:74.
③ 葛兆光. 中国思想史[M]. 上海:复旦大学出版社,2013:64.
④ 刘永济. 十四朝文学要略[M]. 武汉:武汉大学出版社,2013:49.

也强调了博学的重要性："读史使人明智，读诗使人灵秀，演算使人精密，科学使人深刻，伦理学使人庄重，逻辑修辞使人善辩。凡有所学，皆成性格。"①看不同的书能给人带来不同的东西，多方涉猎，才能让人博学多闻。

那么，在当今时代，我们又应如何博采众长，将学到的知识为己所用呢？

 案例

　　叔本华在文章《论学者与博学》中批评了学者及学生只注重收集海量的信息，而不加以思考的恶习："各个年代和各种各样接受过或正在接受高等教育的人，求学的目的一般来说只在于获得资料、信息，而不是对某事某物能有一个深刻的认识。他们以掌握多样资料、信息为荣，这些资料可以是关于石头的、植物的、战争的，或者人们所进行的实验，当然还有关于各种书籍的信息和介绍。这些人可从来不曾想到过：资料知识纯粹只是帮助我们获得某一深入认识的工具而已，这些资料知识本身却没有或者只有很小的价值；而一个具有哲学头脑的人，其特征全在于他的思考方式。"②

① 培根. 培根人生随笔[M]. 何新，译. 北京：人民日报出版社，2007：165.
② 叔本华. 叔本华美学随笔[M]. 韦启昌，译. 上海：上海人民出版社，2018：147.

2016年，央视推出的《中国诗词大会》节目首播，获得了来自社会各界的好评。但好评中也不乏质疑的声音：许多人认为，《中国诗词大会》不过是个"记忆大赛"，而人的记忆力在超级计算机、人工智能等高科技设备前不过是小巫见大巫，又有什么比赛的必要呢？

这背后隐藏着从古至今倡导的"博学"之价值的式微。在网络搜索与存储技术日益发达的今天，信息与知识快速迭代、日新月异，通晓古今、博览中外的博学者似乎失去了存在的必要。

我们生活在知识大爆炸的时代。在这个时代，我们拥有前人所难以企及的知识资源。互联时代让海量的信息共享成为可能，网络让我们能够跨越大学的围墙，足不出户地触摸如今最有价值的思想。

然而，也是在这个时代，海量知识被传上"云端"，手机等电子设备成为便携版的百科全书，动动手指就能搜索到需要的各种方面的知识，这使我们对信息及知识的痴迷达到了前所未有的程度。我们越来越重视获取信息的"数量"，而忽略了获取信息的"质量"。

同时，快节奏的现代生活使我们渴望用最短的时间获取最多的信息，这大大压缩了人们处理、消化信息的时间。我们虽能易如反掌地获取大量的信息，却常常忽视了通过思考进行知识的"再加工"。我们总是停留在事件的表面，难以深入问题的内核。

由此看来，博学绝不是一种"过时"的品质，将博学等同于知道得多、记忆力好的观点窄化了博学本身。就像叔本华在几百年前提醒我们的：资料知识只是帮助我们获得某一深入认识的工具，对搜集到的资料进行整理、消化、思考，从而将他人的观点转化为自己的知识，才是真正的"博采众家之长"。

那么，我们应如何做到科学地"博采众家之长"呢？

首先，我们在信息洪流中博取各种观点时应保有清醒的头脑，而不是没有标准地盲目摄入。由于人脑的存储空间是有限的，故我们拥有知识的丰富程度与有用程度并不构成正比例关系。当无用的知识挤占了重要知识的存储空间时，丰富的知识反而成为我们的绊脚石。假使把我们的头脑比作一座花园，不经筛选地不断吸收大量知识就像放任花园中杂草生长，挤占着真正有价值的知识与思考生长的空间。诚然，"存在即合理"，没有完全无意义的知识。但相对而言，有些知识较为孤立、片面，难以与其他知识产生联结，引发进一步思考，例如当下互联网上十分风靡的"冷知识"。与"热知识"相对，"冷知识"指的是相对冷门的，少为人知的有趣知识。比如兽医在我国的学科划分中属于农学而不是医学，陈独秀与爱因斯坦是同一年出生的等。这些"冷知识"确实能够丰富我们的知识面，让我们获得一些茶余饭后的有趣谈资。但这类知识毕竟是相对孤立的、碎片化的知识，若我们错误认为获取这些"冷知识"是博学多闻的体现,不加筛选地将"冷知识"全部记忆进脑中,实际上是在消耗我们有限的记忆空间。

那么,如何避免盲目地吸取知识?研究发现,人脑拥有网状激活系统,在有明确的目标时,网状激活系统会帮助我们排除目标以外的干扰因素,使我们更加专注于目标相关的事物。制定明确的学习目标有助于我们在学海遨游时不迷失方向。在《高效学习法》一书中,作者提出通过 SMART 法则来量化学习目标,框定学习知识的范畴。即制定一个内容具体(Specific),拥有可量化的测量手段(Measurable),有实现的可能(Attainable),与当前从事或熟悉的领域有较强的相关性(Relevant),并且有时效性(Time-bound)的目标。[①] 例如,我对绘画有强烈的兴趣,落实到学习目标上则应具体到用一定的时间,在擅长绘画的亲友的帮助下掌握基础的铅笔素描。当我们把目标具体到一项明确的任务上,我们就不会一开始就囫囵吞枣地学习油画、水彩等各种进阶知识,这样不仅浪费了时间,最终对这一领域的知识也只是一知半解。

其次,比起攀比知识的数量,更应该用思考提高获取知识的质量。黄宗羲曾说:"学不患不博,患不能精。"记忆别人的观点不过是把别人的思想装进了自己的头脑中。我们在学校时常常遇上这种情况:同样的知识点,换了个题型就让人觉得无从下手。背了大量的作文素材,写作时还是感叹"书到用时

---

① 赵莎. 高效学习法:用思维导图和知识卡片快速构建个人知识体系[M]. 北京:人民邮电出版社,2021:47.

方恨少"。如今，自媒体的高度发展使知识传播的渠道更加丰富，许多人都喜欢利用碎片时间听书或看科普短视频增长见闻，但却时常发现总是"左耳进右耳出"，没记住多少知识。

高效的知识体系，不仅在于输入的知识是什么、有多少，更在于如何消化这些知识，实现输入与输出的平衡。挖掘知识结构，了解知识背后的逻辑思路远比一股脑儿吸收大量知识，结果食而不化，要有效得多。英国科学家迈克尔·波兰尼提出了隐性知识和显性知识的分类法。以书面文字、图表、公式等加以表述的知识是显性知识。而结论背后难以被表述的思考过程及所需的知识资源是隐性知识。① 不论是通过课堂讲解，还是时下风靡的听书或短视频科普，都是作者经过思考、梳理，最后用便于观看者理解的线性表达传达出来的显性知识。于是，无论这种信息里包含了多少精妙的思考，对我们来说，依然只是未经加工的，仅仅被记忆住的结论而已。

这正是思考之于博学的重要性，缺少了思考，无论我们如何博览群书，都只是莫里哀所说的"一个博学的蠢蛋"。知识点在作者的脑海里是网状知识结构中稳定的知识，但在初次接收的我们的脑海里只是散落的知识点。只有通过思考，调用所学知识，将其与新知联系，把知识构建进我们自身的网络系统中，才能真正记住所学的知识。这才是真正的博学多识，这要求我们重视知识之间的融会贯通，由博返约，独立思考，

---

① 赵莎. 高效学习法：用思维导图和知识卡片快速构建个人知识体系[M]. 北京：
人民邮电出版社，2021：69.

总结出自己独到的观点。

最终，让我们回到关于《中国诗词大会》的讨论。如果我们把诗词大会纯粹看作一个增长见识、结交朋友、共同感受诗词之美的集会又有何不可？人生同样是一本大书，同是我们增长见闻的重要路径。博学不是要求每个人都成为"全才"，也不是要求每个人都成为上知天文、下知地理的学者。博学其实是善于思考的心和乐于求知的心态，是在人生的涉世与游历中不忘思考的姿态。

"学如弓弩，才如箭镞，识以领之，方能中鹄。"思考从来不只与知识和学习相关，思考的最终目的，在于让我们成为眼界开阔的、更为完善的人。让我们在前行路上带上思考的眼睛，博览世界的各色风景，走出更开阔的人生道路。

三、保持不断提问的姿态

怀疑是大家必须通过的大门口，只有通过这个大门口，才能进入真理的殿堂。

——莎士比亚

公元前 800 年到公元前 200 年，是一个伟大的时代。在东方，"道术为天下裂"的时代环境激发了百家的争鸣，奠定了中华传统文化的思想底色；在西方，苏格拉底和柏拉图开辟了延亘千年的理性主义传统，彻底改变了思想世界的精神图景。

这是思想的时代。在这个时期，适用于各民族的共同的、历史的自我认知框架开始形成。原始的观点、习俗、形式受到思想的质疑和瓦解，人们开始以思想、以理由、以经验去说服他人，这些最具生命力的思想至今仍深刻影响着我们的思考方式。

但无论是孔子，还是苏格拉底，都是通过追问来展开他们的思考,形成他们的思想的。

《论语》有云:"子入大(通"太")庙,每事问。"为何要问?朱熹认为孔子是"知而问","虽知亦问,谨之至也,其为敬莫大于此";王阳明则认为孔子是"不知而问",孔子不见得知晓每一个礼乐名物,但他不耻下问、谦虚好学,将提问作为认识世界的一种方式。① 两人解读不同、思路不同,但殊途同归,都将提问作为探寻"天理"的最终途径。

苏格拉底则将自己称为"思想的助产婆",开发了"思想的助产术"。他自认"无知",因为无知是求知的起点,无一所知,即处处有疑。他说:"我唯一知道的,就是我一无所知。"②所以他会去考察那些未经反思的生活寻常,例如"死亡"和"正义"、"美"与"善"的问题。苏格拉底并不轻易地回答对方的问题,而是谦和地要求对方给出自己的答案,以此揭露对方思想中的矛盾与漏洞。由疑问启发思考,由生活提炼抽象。

亚里士多德给予苏格拉底极高的评价,他认为:"有两样东西完全可以归功于苏格拉底,这就是归纳论证和一般定义。这两样都是科学的出发点。"提问是与自我、他者、世界进行有效互动的方式。正如陆九渊所说:"为学患无疑,疑则有进,小疑则小进,大疑则大进。"质疑与提问是思想的发生器,无论是人类本能的消遣性好奇,还是为了开启更高认知需求的认知

---

① 王春梅.朱熹、王阳明对天理的理解:从二人对"子入太庙,每事问"的解释来看[J].学术探索,2021(3):8-13.
② 柏拉图.苏格拉底之死[M].谢善元,译.上海:上海译文出版社,2011:89.

性好奇，都具有谦卑、开放、包容、挑战的底色。

 案例

> 华东师范大学政治系的刘擎教授在一次访谈中说道："有一个现象挺好玩的，我发现学生们的阅读能力下降了。三周读一本书，应该不是一件特别困难的事情，但是他们其实有障碍、有困难的。他们太多的时间花在阅读微信和社交媒体上面，在段子和小视频上。他们沉溺于丰富的、好玩的、有意思的资讯，当然这方面让他们变得比我们见多识广。但是，我们任何一种成长，都要求一种深长、缓慢的阅读，需要长程、深入的思考，而绝对不是'短、平、快'的。你可能读了很多东西，最后你发现，你茫然若失，你不知道自己获得了什么。"

阐述

时至今日，阅读依旧是我们获取知识最重要的方式之一。然而许多时候，读完一篇文章，只是与他人思想的触碰，不意味着我们真的学透了；对某一事件似有所感，也不表示我们能够将自己的思维有效地整合、形成自己的结论。这导致我们常常在撰写读后感时"心有千言，难成一文"。这是因为我们没有带着问题进行阅读，只是漫无目的地走马观花，自然难以形成深刻的思想和感悟。

梁启超曾评价戴震"决不肯漫然置信""层层逼拶",这正是思维深入展开的方式。落实到具体实践之中,我们应当问一个值得回答的问题,用自己的合理推理得出答案,并利用各种可靠的证据来支持我们的推理。

那么,什么是好的问题?

第一,问题应当尽可能具体、清晰、明确。例如,我们在阅读某一专业领域的书籍时,与其提出如"如何进行批判性阅读""怎么培养好习惯"这样的宏大问题,不如提出"批判性阅读的'批判性'为何意?""培养好习惯需要的心理条件有哪些?"这样具体到关键词或内容的问题。有人可能会质疑,这样的问题是否太小了一些? 诚如贝特兰·罗素所说:"直到试图追求精确的时候,你才会发现所有的事情都在一定程度上是模糊的。"即使是小小的"批判性"一词,我们也可以追溯它的词源,考察它的发展,观察它被用于在阅读这一领域时中有什么新的特定含义,从而形成对它的完整而深刻的认识。问题不在大小,而在精确与否,正是如此。

第二,问题应当具有价值。首先,问题应当根据提问者的需求制定。诚然,存在即合理,没有一个问题是毫无意义的。但根据需求提出一个最佳问题常常能达到事半功倍的效果。例如,我们想要从零开始学习英语,我们可以提出"26 个字母是什么"这样的具体问题,而将"如何使自己的发音更标准"这样的问题暂时搁置。其次,问题应具有创新性。如果这个问题已被前人研究透彻,暂时无法带来新的启发,我们则可以更换领域，切莫"在一棵树上吊死"，更勿抄袭前人的学说据为己有。但需要注意的是，"创新性"从来都是一个相对的概念，许多时候，我们眼中的"好问题"已经被许多人探索过了，但那并不意味着我们就要拒绝探索。有无数学者论证过"人生而自由"，但他们各有各的路径，最精彩的正是他们谨慎而有创见的论证过程。我们不能草率地否决一个答案，也不应当拒绝探索一个问题。

一个好的问题只是思考的开始，提问的过程事实上会贯穿我们探索的始终。例如，可以问问自己，针对这个问题，前人有什么值得注意的成果？可以去收集哪方面的信息？去哪里搜寻这些信息？也可以试着做一个横向比较：它与相关的问题有什么不同？或者，如果把它放在时间维度里：在不同年代，这个问题有不同的变化吗？未来会怎样？

在论证的过程中，与预想的答案冲突的那些论据将尤为重要。事实往往是多样的，对于同一个人、同一起事件、同一件事物，会存在各种不同的描述，这些描述都具有同等的真实性。在不同的组合形式下，这些事实可以导向完全不同的印象。[①] 每个故事都具有多面性，从专业的辩手到努力为自己的错误辩白的孩子，都能够通过对事实的剪裁，形成对自己有利的叙述。然而，我们都希望我们的论证是有价值、有建设性的，所以我们更不应当歪曲事实，刻意营造一种胜利的假象。

---

① 赫克托·麦克唐纳. 后真相时代：当真相被操纵、利用，我们该如何看、如何听、如何思考[M]. 刘清山，译. 北京：民主与建设出版社，2019：83.

173

要不然对其逐一反驳，要不然就得为其提供一个合理的解释。
这正是思考最艰难也最有魅力的地方。

正如杨澜所说：从肉体的生死，事业的成败，到精神的存灭，提问诱惑我们的认知不断深入时代的旋涡，继而再从湍急处跳脱。① 呼唤思考，是因为我们不想做被牵着鼻子走的人偶。每一个不甘被吞没的思考者，都会忠诚于自己的好奇心。保持提问的姿态，做一个勤于思考的人，活出由自己定义的人生。

① 杨澜. 提问[M]. 杭州:浙江文艺出版社,2020:93.

四、思考，伴你走向成功的人生

> 人生最终的价值在于觉醒和思考的能力，而不只在于生存。
>
> ——亚里士多德

人类在诞生之始，就开始对这个陌生而庞大的世界进行观察和思考。不论是东方的女娲造人、夸父逐日，还是西方的潘多拉魔盒、普罗米修斯盗火，都是人类对世界的起源和万千现象的最原始的思考。

随着思考的由浅入深，对世界的认识不断地完善，人类愈发感受到思考的力量。在古希腊，苏格拉底提出"未经思考的人生不值得一过"，至今仍振聋发聩。亚里士多德在文章中提出，求知是人的本性，求知是人类获取知识的理性认识活动。他强调在认识过程中应不断地用理性思维进行分类、推理、反思。最终，沿着亚里士多德的指引，科学从思考中诞生，成为人类理性之冠上最璀璨的宝石。

17 世纪,启蒙运动在西方轰轰烈烈地展开。以人为中心,用理性之光驱散愚昧与迷信成为时代的旗帜。也正是在此时,除了用思考探索外部世界,人类开始以思考为工具探索自身。法国哲学家笛卡尔在昏暗的房间中用思考找到了自己存在的基础与根本,构建起了自我与世界的联系:"思想与我是不可分割的,我思故我在。"哲学、心理学使思考跳出了知识的禁锢,成为指引人生的明灯。

人的进一步解放使思考不再只是获取知识、构建理论的工具,也是打破权威、破除偶像的利器。不论是西方的启蒙运动或中国近代的新文化运动,核心都是让人们用理性的精神指导自己,尊重传统但不迷信传统,敬仰权威但不尽信权威。

思考是人终其一生的重要活动与使命。思考带领人类克服一次又一次的认知极限,也不断地将我们带进新一轮的挑战中。2016 年,"后真相"(post-truth)一词被牛津词典选为年度词汇。"后真相"的词义为"比起陈述事实,诉诸情感和个人信仰的信息更能左右社会舆论。"①过去,我们因不了解世界的真相陷入对未知的恐惧;如今,我们则困于信息的纷繁复杂,再次陷入迷茫。自由与焦虑,选择与责任总是相伴相生,当我们不再需要听命于他人,不再将自己的生命依附于宗教等虚无缥缈的价值时,我们反而变得更加不知所措。

---

① 史蒂文·诺韦拉,鲍勃·诺韦拉,卡拉·圣玛丽亚,等. 如何独立思考[M]. 文辉,译. 北京:中信出版社,2020:3.

　　复杂的时代环境对人类的判断力提出了更高的挑战，我们应如何紧握思考的利刃，以理性思考为指南针，在人生的旅途中披荆斩棘呢？

 案例

> 　　帕斯卡尔在其著作《人是一根会思想的苇草》中写下："人只不过是一根苇草，是自然界最脆弱的东西，但他是一根能思想的苇草。……纵使宇宙毁灭了他，人却仍然要比致他于死命的东西高贵得多，因为他知道自己要死亡，以及宇宙对他所具有的优势，而宇宙对此却是一无所知。因而，我们全部的尊严就在于思想。"①

阐述

　　在每次旅行前，我们都要做好充足的准备。有了地图，我们在远行时不会偏离路线；有了罗盘，我们在航行时不会迷失方向；有了登山杖，我们在攀登时不会跌跌撞撞。在出发前选择适合的工具能够帮助我们更安全、稳健地前行。

　　对于我们每个人，人生也像是一场旅行。只是这场旅行没有给我们提前准备的时间，也没有向导。我们不能任性地选择更换路线，也不能走回头路。当我们只剩下孤身一人时，

---

① 帕斯卡尔. 帕斯卡尔思想录[M]. 何兆武，译. 天津：天津人民出版社，2007：85.

思考就是我们前行路上最万能的工具。

《左传》说"大道行思，取则行远"，意思是说，正道直行，应该善于思考，思考就会有所得，有心得就会越行越远。把思考作为习惯能极大地提高处理问题的效率。当我们面对一个棘手的问题，或一个困难的抉择，甚至一个素昧平生的陌生人时，选择正确的思维工具，提前思考好可能出现的情况，往往会让我们能够更自如、更成熟地解决眼前的困境。

在面对工作和学习上的问题时，具备清晰的逻辑能够使我们更有条理地规划和展开我们的工作。在工作之前，抽出一些时间思考工作的步骤和方法，提前做好一些必要的准备工作，比如在开始多项工作之前先根据紧迫性与重要性的区别进行排序，或在复习之前先回忆一遍知识列出记忆的薄弱点。养成工作前思考的习惯，让我们的工作事半功倍。

在面对重大的决策时，我们需要用理性思维控制自己的冲动，做好各方面的分析后再做决定。如今，效率至上成为社会认可的普遍价值，大多数人已经习惯了对问题快速做出反应，并将其作为一种追求。但实际上，紧逼着自己做出决定不仅不会提高我们的工作效率，更可能紧张之下忙中出错，造成难以挽回的恶果。在《慢决策》一书中，作者认为适当采用"延迟策略"是科学的。和被动的拖沓不同，主动延迟是一种战术性的等待。[①] 主动延迟给了我们更多时间来考虑决策的方向，

---

① 弗兰克·帕特诺伊. 慢决策：如何在极速时代掌握慢思考的力量[M]. 欧阳明亮，译. 北京：北京联合出版公司，2016：49.

以及做出决策后要如何行动，从而减少错误发生的可能，为未来的我们节约更多的时间和精力成本。

"世事洞明皆学问"，在交际中我们也需要学会换位思考，学会用理性思维控制自己的情绪。希腊谚语说："在愤怒中说一个字可能会毁掉整个生活。"有些时候，我们把自己主观情感上的假设当成了真实，在没有思考清楚对方的真实想法前，就把怒气宣泄在他人身上。如我们忙于工作时，常对进房间送上关心的家长大发雷霆。如果我们能在情绪爆发之前换位思考，家长所要做的不过是给劳累了一天的我们一点关心，只是表达的时机可能让我们觉得受到了打扰。这样一来，我们就能够更宽容、更理性地对待这件事。"己所不欲，勿施于人"，与其责备家长、两败俱伤，不如温柔地提出自己的诉求，避免不必要的争吵。

在生活中时刻保持思考有助于提高我们的判断力，守住我们的道德底线。在信息纷繁复杂的当下，提高判断力成为必修课程，是私人和公共生活中不可或缺的重要能力。在《信息乌托邦》中，桑斯坦认为大数据下的精准算法的个性化推送既是服务，也是驯化。[①] 信息视野的狭窄往往带来观点和立场的固化和狭隘，滋生着各种非理性的讨论，干扰网络空间的理性对话。如果不经思考就冲动地站队发言，很容易被情绪牵着走，甚至成为"键盘侠"的"帮凶"。所以，在互联网时代，我

---

① 凯斯·R.桑斯坦.信息乌托邦：众人如何生产知识[M].毕竞悦，译.北京：法律出版社 2008：37.

们需要培养"科学怀疑论者"的思考习惯,使用遵循科学、符合逻辑的方式来检验那些靠经验得出的结论。[①] 在浏览信息后我们应先判断,他的语言表述是不是夸大其词?这篇评论文的论证思路是否符合逻辑?这篇报道的核心价值观是否正确?时刻思考、时刻怀疑,方能使我们不在信息洪流中迷失自我,失去底线。

俗话说:"三思而后行。"总的来说,养成"先思考,再行动"的习惯是我们规避失误、解决人生道路上的困难的秘诀。除此之外,反思也有助于我们不断提升自己,走向成功。如前文中提到的,思考除了强大的构建功能以外,也具有破除与修复的功能。在我们解决完眼前的问题之后,我们仍需要对自己的行动进行反思。

孔子说"吾日三省吾身",反思是思考中极为重要的一环。心理学家提出了"元认知"的概念。学理上说,元认知指的是对自身"思考过程"进行的认知与理解。[②] 实际上,就是我们理解的反思的过程。反思对我们而言是再自然不过的事,但它却是人类独有的特质。与动物相比,人类新进化出的大脑皮层赋予了我们更高的感知和认识水平,使我们能够对自己的行为和思考模式本身进行思考。我们会因为过去的自己犯下的错而懊悔、惭愧,也会从过去的失败中总结经验。人的思维

---

① 史蒂文·诺韦拉,鲍勃·诺韦拉,卡拉·圣玛丽亚,等. 如何独立思考[M]. 文辉,译. 北京:中信出版社,2020:10.
② 周岭. 认知觉醒[M]. 北京:人民邮电出版社,2020:187.

就像一个工房，不仅能够生产工具，更能够通过反思将其不断地更新升级。

遗憾的是，我们常常在遇到问题时才被迫启用元认知这个功能。比如，我们直到考试的前一天才开始反思自己之前没有好好复习，直到被迫加班才反思自己应该工作时在开小差。当我们意识到反思行为的重要性，我们就实现了从被动到主动的转变，开始主动使用元认知。通过主动使用元认知，我们能够相对客观地评估自己的想法，从而进一步纠正那些不明智的看法，做出更优的选择。比如，在制订计划之前想想这个任务是否需要计划，需要怎样的计划。或在任务结束之后主动反思总结可吸取的经验教训，使我们的行为和思考不断升级。

诚然，人的力量是有限的，我们没有强壮的肉体以抵御野兽的攻击，也没有超能力来预测缥缈的未来，但思考使"弱如苇草"的我们能够在天地间安身立命，甚至不断地解开宇宙万物之谜。人生的每个问题因思考变得可解，人生的蓝图也因为思考变得清晰。正是因为我们对美好的人生心怀期许，对广阔无垠的神秘世界充满向往，所以我们更不能停下思考的脚步。让思考的习惯成为我们奔赴梦想的双翼，助我们实现心中的理想！

后　记

俄罗斯文学巨匠列夫·托尔斯泰说:"人生的价值,并不是用时间,而是用深度去衡量的。"

成功,如同一轮朝阳普照大地,它的灿烂光辉足以驱散人生的孤独艰辛;又如一束玫瑰芬芳四溢,吸引无数平凡的个体矢志不渝奔向前去。因此,尽管每个人、每个家庭都有不同的成功标准,却无不渴望自己和自己的孩子能够成才、成功、成人。

什么叫成功?考上理想大学就是成功吗?事业有成、位高权重就叫成功吗?未必!笔者以为,真正的成功是有意愿、有基础,也有权利去做自己喜欢的事;成功是有条件且有闲暇去过自己想要的生活;成功是自己身心健康,也有能力为家人、社会创造财富,是始终有意愿去做对自己和社会有意义的事。

即使没能大富大贵,但身心健康也是成功;即使不能反哺

父母,但能够自食其力也是成功;即使用尽全力依然对社会贡献很小,但一直自强不息,努力不让自己成为家庭和社会的负担也是成功;即使屡屡遭遇挫折和失败,但能背过身去擦干泪水,转过头来继续前行也是成功;即便未能成为社会栋梁和专业精英,但依然坚守做人的品德、尽力帮助他人也是成功。

很久以来,我们从家庭、学校、社会到个人,在成才、成功、成人的认知和培养上存在许多误区,包括理念、目标、机制、评价体系以及方法策略等。这些误区不仅损害了无数个体的身心健康,压抑了无数人的生命成长,也阻碍了国家与社会的发展步伐。因此,如何进一步厘清成才、成功、成人的科学理念,全面提升生命发展的内在动力,切实提升民众的人生质量,有效增强家庭与个人的幸福感,强力促进中国社会发展,急需一套切实可行、广而有效的理论及实践丛书予以指导。在此背景下,本套丛书应运而生。

本丛书全部内容围绕"成才·成功·成人"相关的理论和实践探讨,立足于"成人比成才更重要,成长比成功更重要"的教育理念和社会视角,各册的主题围绕"成才·成功·成人"的大主题设定,保持丛书内容的关联性和体例的统一性。

成才·成功·成人丛书的顺利出版,首先要感谢上海开放大学副校长王伯军。王校长作为丛书的总策划,在广泛调研和反复论证的基础上,确立了丛书的选题、结构框架、总体方向和表达风格。其次要感谢上海开放大学非学历教育部常务副部长王松华和副部长姚爱芳,他们全程参与了丛书的策

划和定稿,为丛书的顺利完成尽心尽力。

　　成才·成功·成人丛书能够如期付梓,还要感谢七位作者,他们从合肥学院、上海海关学院、上海市闵行区教育学院、上海交大附中、上海市七宝中学、上海开放大学总校及上海开放大学浦东分校汇集到一起,潜心写作,笔耕不辍,以严谨扎实的探索精神,慎思明辨的治学态度,高效完成了本丛书的写作。在此,向七位作者表示由衷的敬佩和感谢!

　　本套丛书从制定撰写方案到完稿历时一年多,难免有疏漏或不当之处,敬请读者批评指正!

杨 敏

2022 年 10 月 25 日